transform.

be resilient.

JUBILÄUMSAUSGABE

Die großen Marken in Deutschland 2023

recreate. transform. be resilient.

Herausgegeben von Lutz Dietzold für den Rat für Formgebung

Mit Beiträgen von Annalena Baerbock, Lutz Dietzold,
Dr. Robert Habeck, Mike Richter und Isabelle Vérilhac

CALLWEY

Inhaltsverzeichnis

GRUSSWORT

Dr. Robert Habeck,
Bundesminister für Wirtschaft und Klimaschutz … 10

Annalena Baerbock,
Bundesministerin des Auswärtigen … 12

ESSAYS

Gutes Design macht Marken stark und Unternehmen erfolgreich –
Prof. Mike Richter, Präsident des Rat für Formgebung … 16

Warum eine resiliente Wirtschaft der Zukunft nicht ohne Design
und Kollaboration zu denken ist – Isabelle Vérilhac, Präsidentin BEDA … 20

Beständig, anpassungsfähig, krisenfest –
Lutz Dietzold, Geschäftsführer des Rat für Formgebung … 24

STARKE MARKEN UND DIE GESCHICHTEN DAHINTER

MENTOR … 30

Busch-Jaeger Elektro … 32

Geck® … 34

RZB Lighting … 36

Tojo Möbel … 38

Deutsche Telekom … 40

Bethmann Bank … 44

Mauser	46
MARTOR	48
RTL Deutschland	50
SCHRAMM Werkstätten	54
OutNature by PreZero	56
SHADESIGN	58
Cloer Elektrogeräte	60
HAILO-Werk	62
QLOCKTWO Manufacture	64
3deluxe	66
KISKA	68
OBJECT CARPET	70
studiokurbos	72
BYOK	78
Beatthechamp / Flowarena	80
in medias rees	82
FRESCOLORI	84
bk Group	86
VOLA	88
markilux	90
Mercedes-Benz Group	92
rational einbauküchen	94
Volkswagen	98

KOTOAKI ASANO	102
POINTtec Products Electronic	104
DALLMER	106
DALI	108
Factor	110
Dräger	112
RAL Farben	114
Wöhner	116
sonoro audio	118
Jung von Matt BRAND IDENTITY	122
Tilia	124
HEY-SIGN	126
Bette	128
PROLED	130
Nowy Styl	132
KLUDI	134
Ca Go Bike	136
MÜHLE	138
AXENT Switzerland	140
Oventrop	144
Festo	146
Fette Compacting	148
mawa	150

SLOWLI Concept	152
bullmer	154
Siemens	156
ZWIESEL GLAS	158
Grohe	160
LEONHARD KURZ	162
WAGNER	168
Poggenpohl	170
Ronnefeldt	172
Nurus	174
P+L Innovations	176
Talkwalker	178
X-PLAST	180
UP Designstudio	182
IBM iX	184
Robert Bosch	186

DIE STIFTUNGSMITGLIEDER DES RAT FÜR FORMGEBUNG A–Z	190
ÜBER DEN RAT FÜR FORMGEBUNG	196
REGISTER	205
IMPRESSUM	208

Gutes Design macht Marken stark ...

… und Unternehmen erfolgreich.

PROF. MIKE RICHTER

Credit: BMWK / Dominik Butzmann

Dr. Robert Habeck

BUNDESMINISTER FÜR
WIRTSCHAFT UND KLIMASCHUTZ

Grußwort

Eine Idee, so wichtig und fortschrittlich sie sein mag, kann nur dann einen Durchbruch erlangen, wenn daraus ein attraktives Produkt wird. Dabei ist das Design dieses Produkts kein nettes Beiwerk, sondern ein wichtiger Faktor für den wirtschaftlichen Erfolg. Beim Design geht es eben nicht nur darum, Formschönes zu erschaffen, sondern Antworten auf die Herausforderungen unserer Zeit zu geben, Gestaltung weiterzudenken und technische Errungenschaften für die Allgemeinheit zugänglich zu machen. Das gilt besonders in Zeiten, in denen Innovationen in immer größerem Tempo nötig sind, um den aktuellen gesellschaftlichen und ökologischen Herausforderungen zu begegnen.

Wir in Deutschland können stolz auf die lange Erfolgsgeschichte des deutschen Designs sein, auf die Fähigkeit der Branche, Zukunftweisendes, das zunächst nur in Köpfen oder auf Skizzen existierte, Wirklichkeit werden zu lassen. Die Marke „Made in Germany" dient in nahezu allen Branchen weltweit als Qualitätslabel für zukunftsweisende Produktinnovationen. Das haben wir im großen Maße dem Einfallsreichtum und der Weitsicht unserer Designerinnen und Designer zu verdanken. Sie verstehen es, wirtschaftliche und gesellschaftliche Entwicklungen über kulturelle Barrieren hinweg so zu gestalten, dass sie die Menschen begeistern. Als kreative Köpfe und Designschaffende wissen sie: Die Formgestaltung im Kleinen und das Bewusstsein fürs Detail beeinflussen maßgeblich den Erfolg eines Produktes. Häufig sind es die Ideen von Designerinnen und Designern, die Produkte und Dienstleistungen besonders wettbewerbsfähig machen.

Ich gratuliere dem Rat für Formgebung zu Ihrer langjährigen erfolgreichen Arbeit und wünsche Ihnen mit der Jubiläumspublikation „Die großen Marken in Deutschland 2023 – recreate. transform. be resilient." eine begeisterte Leserschaft, die sich inspirieren lässt und unsere Zukunft kreativ mitgestaltet.

Dr. Robert Habeck
Bundesminister für Wirtschaft und Klimaschutz

Annalena Baerbock

BUNDESMINISTERIN DES AUSWÄRTIGEN

Grußwort

Der russische Angriffskrieg bedeutet eine Zeitenwende für die Sicherheitspolitik unseres Landes. Er trägt aber auch dazu bei, das deutsche Wirtschaftsmodell in eine neue Ära zu katapultieren. Als Exportland setzen wir weiter auf Globalisierung, Offenheit und Vernetzung. Aber gleichzeitig sehen wir, wovor viele hierzulande lange die Augen verschlossen haben: Interdependenz birgt auch Risiken, auf Handel folgt nicht automatisch demokratischer Wandel, Wirtschaftskontakte brauchen gleiche Spielregeln für alle, um fair für alle zu sein. Und wenn wir heute nicht massiv in Innovationen bei Energiewende und Digitalisierung investieren, ziehen andere in der Weltwirtschaft von morgen an uns vorbei.

Deshalb arbeitet die Bundesregierung mit aller Kraft daran, dass die deutsche und europäische Volkswirtschaft auch zukünftig das Fundament unseres Wohlstands bleibt. Indem wir die Energiewende massiv beschleunigen – und uns unabhängig machen von fossiler Energie aus Russland. Indem wir in Digitalisierung und Schlüsseltechnologien investieren. Indem wir unsere Lieferketten resilienter machen und unsere Wirtschaftskontakte diversifizieren. Und indem wir unsere Handelsbeziehungen in Einklang mit unseren Werten gestalten – zumal unsere eigenen Unternehmen davon profitieren, wenn etwa im europäischen Binnenmarkt keine Produkte aus Zwangsarbeit verkauft werden.

An der Spitze dieses Wandels schreiten die deutschen Unternehmen selbst – denn sie tragen Verantwortung dafür, ihn zu gestalten und voranzutreiben. Dabei können sie – und allen voran die großen deutschen Marken – einmal mehr ihre Innovationskraft und Dynamik beweisen. Vom DAX-Konzern über den Mittelständler bis zum kleinen Start-up – die deutsche Wirtschaft setzt weltweit Maßstäbe bei Nachhaltigkeit und neuen Technologien – auch dank enger Vernetzung mit den Universitäten und Forschungseinrichtungen unseres Landes. Das weltweite Prestige deutscher Produkte ist ein wesentlicher Faktor des positiven Deutschlandbilds im Ausland. Unsere Außenpolitik kann darauf aufbauen – so wie die deutsche Wirtschaft auch weiter auf unsere Unterstützung zählen kann.

Ihre
Annalena Baerbock, MdB
Bundesministerin des Auswärtigen

ESSAYS
recreate. transform.
be resilient.

Gutes Design macht Marken stark und Unternehmen erfolgreich

PROF. MIKE RICHTER
PRÄSIDENT DES RAT FÜR FORMGEBUNG

Dieser Überzeugung folgend und mit großer Weitsicht wurde 1953 der Rat für Formgebung vom Deutschen Bundestag initiiert, gestiftet von der deutschen Industrie, mit dem Ziel, Design als Wirtschaftsfaktor zu stärken. Heute ist der Rat für Formgebung Teil der globalen Design-Community und steht als „die Designinstanz Deutschlands" für einen ganzheitlichen Designbegriff, der gleichermaßen kulturelle wie wirtschaftliche und ökologische Werte umfasst. Und diese Werte unterliegen bei aller Konstanz auch dem Wandel.

Es zeichnet sich ab, dass künftig vor allem Konzepte für eine nicht nur ökologische, sondern auch sozial nachhaltigere Welt die besten Voraussetzungen für ökonomischen Erfolg haben werden, da die Erwartungen von Konsumentinnen und Konsumenten an verantwortungsvoll hergestellte Produkte wachsen.
Und auch die Legislative wird dem wirtschaftlichen Geschehen die notwendigen Leitplanken für den verantwortlichen Umgang mit Ressourcen und Energie auferlegen.
Unabhängig davon haben wir als Unternehmer die klare Verantwortung, voranzugehen – und diese Verantwortung hat ihre Stellschrauben in hohem Maße im Design.

Der Rat für Formgebung fördert daher Forschung und Innovation sowie den Transfer in die praktische Anwendung für Gesellschaft und Wirtschaft. Aus der Perspektive des Designs nehmen wir die volle Bandbreite möglicher Innovationen in den Blick, darunter besonders wirtschaftliche, technologische, ökologische, soziale und digitale Innovationen.

Neben den Megathemen digitale Transformation und Energiewende steht weiterhin das Thema Nachhaltigkeit ganz oben auf der Agenda. Der Rat für Formgebung adressiert diese Megatrends mit einem praxisnahen Angebot an Veranstaltungen, Konferenzen, Seminaren, Workshops und Konzepten für eine wirkungsvolle Kommunikation von Designkompetenz.
Mit Trend- und Themenstudien sowie Marken- und Designaudits unterstützt und berät er Unternehmen jeder Größe in allen Fragen zur Marke, zu Innovation und zu Design.

Mit unseren Awards geben wir Impulse, unterstützen Veränderungsprozesse, prämieren Mut und Weitsicht und geben damit Anregung und positive Leitbilder für Unternehmen, die vielleicht erst am Anfang ihrer Transformation stehen.

Designtalente sind Motoren der Weiterentwicklung und der Transformation.

In diesem Zusammenhang spielt auch das Thema Nachwuchsförderung eine wichtige Rolle, sind doch Designtalente Motoren der Weiterentwicklung und der Transformation und damit nicht nur wichtig für die Innovationsfähigkeit von etablierten Unternehmen, sondern auch essenzieller Teil der Start-up-Kultur von heute und damit Teil der Marken von morgen.
Aus diesem Grund fördert und unterstützt der Rat für Formgebung seit jeher junge Designerinnen und Designer mit unterschiedlichen Projekten und Initiativen: Als eines der weltweit führenden Kompetenzzentren für Kommunikation und Wissenstransfer eröffnen wir Newcomern entscheidende

Credit: Franziska Finsterer, Grand Visions

Netzwerke und sorgen mit Nachwuchswettbewerben wie dem German Design Award Newcomer oder der Plattform German Design Graduates für die öffentliche Wahrnehmung ihrer Arbeit.

Damit fördert der Rat für Formgebung die Ideen der jungen Designgeneration und bringt ihre Perspektive in die Unternehmen. 1969 erhielt übrigens der Industriedesigner Hartmut Esslinger den ersten vom Rat für Formgebung vergebenen Nachwuchspreis. Er öffnete ihm erste Türen auf seinem Weg, der in den 1980er-Jahren in der gemeinsam mit Steve Jobs entwickelten ersten Apple-Macintosh-Designsprache einen von vielen Höhepunkten fand. Teil seiner Erfolgsgeschichte als Designer war es, nur für Unternehmen zu arbeiten, die Design zur Chefsache machten.

Mit der jährlich erscheinenden Publikation »Die großen Marken in Deutschland« präsentieren wir erfolgreiche Unternehmensgeschichten, die diesem Glaubenssatz Hartmut Esslingers folgen: Sie alle haben Design tief in ihre Unternehmensstrategie integriert und sind daher in der Lage, über nutzerzentrierte Innovation und ein konsistent gestaltetes Markenbild ein ganzheitliches Kundenerlebnis anzubieten.

Wer erfolgreich sein und bleiben will, muss Zukunft antizipieren.

Da der Erfolg von Unternehmen ein hohes Maß an Adaptionsfähigkeit, Agilität und Innovationsoffenheit voraussetzt, haben wir die vorliegende Ausgabe unter den Dreiklang „recreate. transform. be resilient." gestellt. So unterschiedlich die in diesem Buch vorgestellten Unternehmen auch sind, sie alle haben eines gemeinsam: Sie haben sich erfolgreich als starke Marke positioniert und sich damit einen entscheidenden Wettbewerbsvorteil verschafft. Eine gut geführte Marke verkörpert die Erwartungen der Konsumentinnen und Konsumenten an das Unternehmen und seine Produkte, erleichtert die Orientierung am Markt und gibt ein Gefühl von Sicherheit und Stabilität. Ich hoffe, es ist zu erkennen, dass hierzu immer die Bereitschaft zu Transformation notwendig ist. Wer als Unternehmen erfolgreich sein und bleiben will, muss Zukunft antizipieren. Tradition steht dazu nicht im Widerspruch. Jeder Transformationsprozess findet im Spannungsfeld von Revolution und Evolution statt. Die Herausforderungen, die sich abzeichnen, werden eine tiefgreifende Transformation erzwingen, in allen Bereichen unseres Lebens – nicht nur bei der Marke. Unsere Lebensweise zu ändern bedeutet, fast alles zu ändern: Wie wir leben, was wir machen, was wir glauben und wie wir uns verhalten.

Die Circular Economy wird eine solche Transformationsaufgabe sein, die resiliente Unternehmen meistern werden, da sie bereit sind, sich neu zu erfinden.

Mehr als 350 namhafte Unternehmen unterschiedlicher Branchen nutzen bereits die Vorteile einer Mitgliedschaft in unserer Stiftung und profitieren vielfach vom Angebot des Rat für Formgebung. Wir bilden damit eine einzigartige Plattform für den integrativen Dialog – im Sinne der Fähigkeit, gemeinsam zu denken, um Spannungen zwischen durchaus gegenläufigen Ideen und Interessen zu nutzen, um Antworten auf schwierige Probleme zu finden.

Design verändert unser Verhalten und unsere Handlungen.

So stärken wir im Sinne des 1953 vom Deutschen Bundestag formulierten Auftrags das Bewusstsein für die Bedeutung von Design.
Diese Bedeutung von Design wird noch zu oft missverstanden, unterschätzt. Wir leben in einer von Menschen gestalteten Welt. Fast alles, was uns umgibt, wurde gestaltet. Die Dinge, die wir entwerfen, – das Artifizielle – verändern unser Verhalten und unsere Handlungen, und so wie wir die Dinge durch unsere Entwürfe verändert haben, werden diese Dinge dann auch uns verändern. Sie werden beeinflussen, wie wir uns verhalten und leben: Wir entwerfen die Welt und sie wiederum entwirft uns. Darin liegt die große Verantwortung des Designs und gleichzeitig seine Kraft. Dabei bedarf es ohne Zweifel der Mobilisierung vieler, um unsere Lebensweise zu ändern, damit wir die Welt zum Besseren hin verändern können.

Ich freue mich, dass wir seit 70 Jahren ständig neue Marken hinzugewinnen, die diese Reise mit uns gehen. Lassen Sie sich vom Markenerfolg der in diesem Buch vorgestellten Unternehmen inspirieren. Ich freue mich auf den Dialog.

VITA
MIKE RICHTER

Mike Richter ist der Präsident des Rat für Formgebung. Außerdem ist er Dekan des Fachbereichs Design an der Hochschule Darmstadt und Serienunternehmer. Er ist Mitbegründer der icon group, einem internationalen Beratungsunternehmen für Design und Innovation, von banbutsu, einer Plattform für IoT-Lösungen, sowie von Veritas Entertainment, einem Investor im Bereich eSports.

Warum eine resiliente Wirtschaft der Zukunft nicht ohne Design und Kollaboration zu denken ist

ISABELLE VÉRILHAC
PRÄSIDENTIN DES BEDA – BUREAU OF EUROPEAN DESIGN ASSOCIATIONS

Wir stehen vor einer großen Herausforderung, der größten vielleicht, der wir uns als globale Gesellschaft je zu stellen hatten: Der Klimawandel ist die immanente Folge unserer über Jahrhunderte entwickelten Innovationstätigkeit und daraus resultierenden Umgangs mit den natürlichen Ressourcen, in der aktuell nahezu alle transformativen Entwicklungen zusammenlaufen. Klimawandel, Migrationsströme, geopolitische Verteilungskämpfe und Pandemien stellen Wirtschaft und Gesellschaft in eine gemeinsame Verantwortung. Dabei stehen statistischen Vorausberechnungen von Klimaflüchtlingen und Veränderungen der Biodiversität auch Chancen gegenüber, die sich in den steigenden Geschäftswertentwicklungen im Bereich Nachhaltigkeit ausdrücken. (FN: vgl. The New Climate Economy: The 2018 Report of the Global Commision on the Economy and Climate, der bis 2030 einen 26 Billionen Dollar-Markt im Bereich Nachhaltigkeit und potentiell 65 Millionen Arbeitsplätze prognostiziert)

Dieser nur gemeinschaftlich zu lösenden Herausforderung begegnet Europa mit dem Green Deal und den damit verbundenen Klimazielen für 2050. Das New European Bauhaus (NEB) hat diese Gemeinschaftsaufgabe auf höchster politischer Ebene in Europa definiert und fördert die interdisziplinäre und sektoren- und branchenübergreifende Zusammenarbeit mit einem aktivierenden Handlungsrahmen: Beautiful, sustainable, together – so wünscht man sich den Weg hin zu einer zukunftsfähigen Welt in einem neuen Gleichgewicht. Aber nicht nur in diesem Wie deutet sich bereits an, welche große Gestaltungsaufgabe in diesem Projekt liegt. Diese Transformation braucht auch und vor allem die strukturelle Kraft des Designs, im Sinne ihrer hinterfragenden, analytischen und problemlösenden Herangehensweise. Als Prozess und Methode kommt dem Design die entscheidende Rolle zu, systemische Abhängigkeiten mitzudenken und bestmöglich ihre schadhaften Folgen zu verhindern.

In diesem Verständnis von Design hat sich das BEDA als Dachorganisation der europäischen Designinstitutionen und Think Tanks als erster offizieller Partner der New European Bauhaus Initiative engagiert und begleitet die Entwicklung dieses großartigen Projekts, das Bürger, Fachleute, Gemeinden und Politiker einbezieht. Der partizipative Ansatz des Programms entspricht der Methode des Designs, die vom Menschen ausgehend an die jeweilige Gestaltungsaufgabe geht. Im kollaborativen Verfahren und mit der Fähigkeit, über Disziplingrenzen hinweg zu denken, kommt Designern eine entscheidende Rolle in diesem großen zivilisatorischen Projekt zu.

Designer verfügen über eine hohe Flexibilität und Anpassungsfähigkeit, da sie sich ständig weiterentwickeln, um die Lebensweisen von morgen vorwegzunehmen, wodurch sie ihre Resilienz und ihren visionären Geist unter Beweis stellen. BEDA (The Bureau of European Associations) begleitet Talente bei dem gesellschaftlichen Wandel und Übergang, insbesondere in den Bereichen Digitalisierung und Nachhaltigkeit, zur Umsetzung des Green Deal.

Die vom BEDA vertretene Kreativ- und Kulturwirtschaft (KuK) beschreibt aus der politischen Förderperspektive eine breit gefächerte und in ihrer Vielfalt reiche Branche, die von Architektur über Literatur bis hin zu audiovisuellen Medien, Mode, Design, Musik usw. reicht. Sie gehört zu den vierzehn von der Europäischen Industriestrategie 2020 definierten Ökosysteme ebenso wie die Luft-, Raumfahrt- und Verteidigungsindustrie, die Transport- und Automobilindustrie, der Gesundheitssektor oder die Tourismusbranche.

Dennoch sollte die Position der KuK als Querschnittssektor und nicht als vertikaler Sektor wahrgenommen werden, da ihre Reichweite und ihr Einfluss für alle Ökosysteme von entscheidender Bedeutung sind. Best Practice-Unternehmen haben Design tief in ihre Organisation integriert.

Ebenso ist die Funktion der KuK in der Weiterbildung (Upskilling, Reskilling) von hoher Bedeutung für die sich verändernden Berufsbilder von morgen. In diesem Zusammenhang hat sich das BEDA in seiner Rolle als Bindeglied zwischen seinen Mitgliedern und der europäischen Politik als Co-Leader des Pakts für Kompetenzen (Pact for Skills) engagiert, um die groß angelegte Partnerschaft (large scale skills partnership) für die Kreativ- und Kulturwirtschaft mitzugestalten.

Unsere Talente sind ein Pool an Kreativität und Innovationsquellen, die nachhaltige wirtschaftliche Erfolge in allen Bereichen hervorbringen. Designer und Kreative sind starke Motoren für einen Neuanfang, für die gesamte Industrie.

Europäische und nationale Netzwerke sind dazu da, Verbindungen und Kooperationen zu erleichtern. Lassen Sie uns alle gemeinsam die aktuellen und zukünftigen Herausforderungen meistern.

VITA
ISABELLE VÉRILHAC

Leiterin der Abteilung Internationale Angelegenheiten und Innovation, Cité du design, Saint-Étienne, Frankreich. Vorsitzende BEDA. Kontaktstelle Saint-Étienne UNESCO City of Design

Isabelle Vérilhac hat ein Post-Diplom in Design & Forschung, einen Doktortitel in Physikalischer Chemie-Materialwissenschaft und hält Vorlesungen in Industriedesign. Von 2003 bis 2007 war sie Direktorin des Saint-Étienne Medical Technologies Cluster und hat in den Bereichen Design, medizinische Forschung und Entwicklung gearbeitet.

Seit 12 Jahren ist Isabelle Vérilhac bei der Cité du Design Saint-Étienne für die Beziehungen zu Wirtschaftsakteuren verantwortlich. Sie hat das Materialressourcenzentrum, die Labore für innovative Anwendungen und Praktiken (LUPI®) und das Design Creative City Living Lab der Cité du Design gegründet und aufgebaut. Sie koordinierte das europäische Projekt IDeALL (Integrating Design for All in Living Labs), das Design und nutzerzentrierte Living-Labs-Methoden kombinierte und eines der ersten von der Europäischen Kommission im Jahr 2012 finanzierten Designprogramme war. Isabelle Vérilhac ist verantwortlich für die Entwicklung und das Management wirtschaftlicher, territorialer und gesellschaftlicher Projekte. Seit Anfang 2019 ist Isabelle die internationale Managerin und Koordinatorin von Saint-Étienne UNESCO City of Design und wurde im Mai 2021 zur Vorsitzenden des Bureau of European Design Associations (BEDA) gewählt.

Credit: Christoph Hengelhaupt

Beständig, anpassungsfähig, krisenfest

LUTZ DIETZOLD
GESCHÄFTSFÜHRER DES RAT FÜR FORMGEBUNG

Plötzlich ist sie da – Krisen kommen meist überraschend, und die nächste ganz bestimmt. Doch welche Möglichkeiten gibt es, sich als Unternehmen und als Wirtschaft darauf einzustellen? Aus unserer Sicht besteht eine klare Verbindung zwischen kontinuierlicher Flexibilität und der Fähigkeit, Turbulenzen gut zu überstehen. Daraus ergeben sich einige spannende Fragen: Wie sind Design und Resilienz verbunden? Kann gute Gestaltung die Krisenfestigkeit und Anpassungsfähigkeit von Produkten, Unternehmen oder gar ganzer Wirtschaftszweige erhöhen? Fragen, die insbesondere in unruhigen Zeiten mit starken Veränderungen einen hohen Stellenwert haben. Resilienz, die Anpassungsfähigkeit und Widerstandsfähigkeit von Individuen, Unternehmen und Systemen, ist eine gefragte Stärke, wenn insbesondere externe Faktoren die Stabilität und Planbarkeit erschüttern.

Als Rat für Formgebung begleiten wir die deutsche Wirtschaft seit fast 70 Jahren, nicht wenige unserer Mitgliedsunternehmen bestehen schon ebenso lange oder länger. Es waren sieben Jahrzehnte, in denen auch schwierige Zeiten durchzustehen waren – und doch sehen wir dieselben Unternehmen an unserer Seite und stellen uns die Frage, welchen Einfluss gute Gestaltung auf langfristigen Erfolg hat? Sind starke Marken und Unternehmen mit hohem Gestaltungsanspruch resilienter? Aus Sicht des Rat für Formgebung ist die Antwort ein klares „Ja!", Unternehmen mit tief verankerter Designstrategie sind krisenresistenter. Bezogen auf die verschiedenen Bereiche der Gestaltung lässt sich dies auch gut begründen. Anspruchsvolles Design kann in verschiedensten Kontexten und Umgebungen funktionieren. Beginnen wir die Betrachtung auf der Produktebene: Gut gestaltete Produkte können sich über einen langen Zeitraum hinweg immer wieder neu in unterschiedlichste Umgebungen einfügen. Bewährte Klassiker bei Möbeln oder Gebrauchsgütern gehen auf unterschiedlichste funktionale und ästhetische Anforderungen ein. Gerade durch ihre Langlebigkeit erreichen sie einen hohen Grad der Anpassungsfähigkeit. Auch die Erweiterbarkeit oder Reparaturfähigkeit von Produkten sind wichtige Merkmale der Resilienz: Wenn eine Komponente ausfällt, kann diese schnell ersetzt oder repariert werden, ohne das gesamte Produkt nutzlos zu machen. Einen ähnlichen Effekt erzielen Produktfamilien und -systeme, die immer wieder aktualisiert und erweitert werden können, ohne komplett ausgetauscht zu werden. Womit dann wiederum ein Komplexitätslevel erreicht ist, auf dem gutes Designmanagement gefragt ist, um die Balance zwischen Konsistenz und Innovation zu gestalten. Ein Mehrwert, der das Vertrauen der Kundschaft stärkt und eine engere Bindung zur Marke herstellt.

Gute Markenkommunikation baut auf Inhalten auf, ist ehrlich und authentisch – und kann daher auch viel glaubhafter notwendige Richtungswechsel vornehmen als mühsam konstruierte Geschichten, die bei einer Veränderung der Rahmenbedingungen schwer angepasst werden können.

Weitere wichtige Faktoren der Resilienz sind wirtschaftliche Stabilität und Handlungsfähigkeit. Marken mit einem hohen Gestaltungsanspruch vermarkten ihre Produkte nicht in erster Linie über den Preis und sind daher auch nicht so stark dem Risiko ausgesetzt, in Krisenzeiten in eine Preisdruckspirale zu geraten, die schnell zu einer wirtschaftlichen Schieflage führen kann.

Der Begriff der Resilienz wird oft jedoch noch weiter gefasst und bezieht die Verbesserung des Zustandes als neuen Standard mit ein. Hier entsteht der Zusammenhang zur kontinuierlichen Lern-, Entwicklungs- und Innovationsfähigkeit, die einem anspruchsvollen Designverständnis innewohnen. Eine Erneuerungsfähigkeit, für die unsere Mitgliedsunternehmen beispielhaft stehen – es sind glänzende Beispiele für die Anpassungsfähigkeit von Unternehmen. Nehmen wir einmal Bosch, ein Familienunternehmen, das in seiner über 130-jährigen Geschichte kontinuierlich durch technologischen Fortschritt in Kombination mit guter Gestaltung überzeugen konnte. Oder das Unternehmen Dräger, ebenfalls über 130 Jahre alt, das sich als Spezialist für Medizintechnik und Sicherheitstechnik in seinen Produkten kontinuierlich mit schwierigen Situationen beschäftigt und die Erkenntnisse daraus offensichtlich gut auf die Unternehmensführung und die Gestaltung übertragen kann. Oder Festo, dem es immer wieder gelingt, mit Druckluft die unglaublichsten Dinge anzustellen, zuletzt den Antrieb von Cobots, kooperativen Robotern, die mit Menschen zusammenarbeiten. Auch die Deutsche Telekom, als eigenständiges Unternehmen erst 1995 gegründet, zeigt, wie sich ein Unternehmen im dynamischen Feld der technologischen Infrastruktur immer weiterentwickeln und anpassen kann. Ebenso beeindruckend wie die hier beispielhaft aufgeführten großen Unternehmen sind die vielen mittelständischen Unternehmen unter unseren Mitgliedern, die in diesem Buch vertreten sind. Sie alle nutzen gutes Design als Faktor für ein resilientes Unternehmen, das auch zukünftig innovative und überzeugende Lösungen für große Herausforderungen erarbeiten kann.

VITA
LUTZ DIETZOLD

Lutz Dietzold (*1966) ist seit 2002 Geschäftsführer des Rat für Formgebung. Daneben ist er seit 2011 im Vorstand der Stiftung Deutsches Design Museum sowie Mitglied im Beirat des Bundespreises Ecodesign, der Mia Seeger Stiftung und in zahlreichen weiteren Gremien und Jurys.

Dietzold veröffentlicht regelmäßig Beiträge und hält weltweit Vorträge zu Themen rund um Design, Marke und Innovation.

Starke Marken und die Geschichten dahinter.

MENTOR

INTEGRIERTE
LED-LICHTLÖSUNGEN UND
HMI-KOMPONENTEN

Mit großer Leidenschaft für das Thema Licht fertigt die MENTOR-Gruppe aus Erkrath individuelle Lösungen, die ihren Kunden neue Wege in Produktentwicklung und -design ermöglichen.

Credit: Werbepartner Huth GmbH

Als Anbieter integrierter Lichtlösungen realisiert MENTOR LED-basierte Lichtkomponenten auf höchstem technischen Niveau. Die Kunden des nordrhein-westfälischen Unternehmens kommen aus dem Automotive-Bereich und aus vielen weiteren Branchen mit gestaltungsrelevanten Produkten. Seine speziellen Lichtlösungen entstehen in enger Abstimmung mit dem Auftraggeber: Vom technischen Konzept über Entwicklung, Visualisierung und Werkzeugbau bis hin zur Produktion der fertigen Komponenten wird alles aus einer Hand geliefert. Da die Anforderungen stetig steigen und je nach Projekt sehr unterschiedlich sein können, setzt MENTOR ein breites Technologieportfolio im Bereich der Lichtleiter ein. So kann der Hersteller flexibel auf individuelle Kundenwünsche eingehen und maßgeschneiderte Lösungen kreieren.

Die Komponenten, die MENTOR fertigt, unterliegen keinen typischen Designkriterien. Das eigentliche Produkt des Unternehmens ist gutes Licht und seine Wirkung. Gestalter nutzen es als facettenreiches und innovatives Gestaltungsmittel, das nahezu endlose Möglichkeiten für das Produkt- und Industriedesign bietet. Qualitativ hochwertiges Licht kann in unterschiedlichste Produkte integriert werden und bietet funktionalen Mehrwert. Durch spezielle Lichtkomponenten, wie MENTOR sie herstellt, können neuartige Produkte entwickelt werden, die zeitgemäß, ästhetisch und widerstandsfähig sind. So sorgt Licht unter anderem für mehr Sicherheit, Komfort und Orientierung, dient als Kommunikationskomponente oder als Informationselement.

Gegründet wurde MENTOR 1920 von dem Ingenieur Dr. Paul Mozar in Düsseldorf als Fabrik für Elektromechanik und Feinmechanik mit eingetragenem Markenzeichen. Seitdem steht der Markenname für die Stärke des Familienunternehmens, seine Auftraggeber exzellent zu beraten. Im Jahr 1965 übernahm Dr. Ehrhard Weyer das Unternehmen und baute es zu einem der führenden deutschen Hersteller für Elektronikkomponenten aus. 1996 wurde das Produktprogramm im Bereich der Optoelektronik um Lichtleitersysteme erweitert. Seit 2003 leitet der geschäftsführende Gesellschafter und CEO Wido Weyer das Unternehmen – seit 2021 gemeinsam mit seinem Sohn Dennis Weyer als Geschäftsführer und CVO. Heute gehört MENTOR mit seinem Lichtleiterprogramm weltweit zu den größten Anbietern. Seine Kernkompetenz im Bereich des LED-Lichts wurde durch die Gründung der MENTOR-Lichtgruppe 2009 gezielt ausgebaut.

Das Unternehmen nutzt seine umfangreiche Soft- und Hardwareausstattung, um anspruchsvolle Beleuchtungsaufgaben zu lösen. Die virtuelle Lichtentwicklung und deren Visualisierung erfolgen im hauseigenen Lichtlabor. Zum Einsatz kommen die spezialisierten LED-Lichtlösungen unter anderem bei Kunden aus den Bereichen Automatisierung, Elektronik, Kommunikations-, Gebäude- und Medizintechnik sowie dem Anlagen- und Maschinenbau. Die Produktpalette besteht zu rund 80 Prozent aus kundenspezifisch entwickelten Komponenten. Das Spektrum der Technologien, die im Hause MENTOR eingesetzt werden, ist groß und reicht vom Kunststoff-Spritzguss über die Elektronik- und Lichtentwicklung bis zum Werkzeugbau. In enger Zusammenarbeit der unterschiedlichen Abteilungen entstehen so individuelle und perfekt auf das Projekt abgestimmte Lichtlösungen.

DATEN UND FAKTEN

PRODUKTE
integrierte LED-Lichtlösungen und HMI-Komponenten

STANDORTE
Erkrath, weitere Standorte in Deutschland, Polen, Tunesien und China

GRÜNDER
Ing. Dr. Paul Mozar
(1920, Düsseldorf)

INHABER
Familie Weyer
in 3. Generation

MITARBEITER
260 in Deutschland

VERTRIEB
weltweit

WEBSITE
mentor.de

Individuelle und faszinierende Lichtlösungen entstehen bei MENTOR unter dem Einsatz von jahrzehntelangem Know-how, großer Leidenschaft für das Thema Licht sowie modernster Technik.

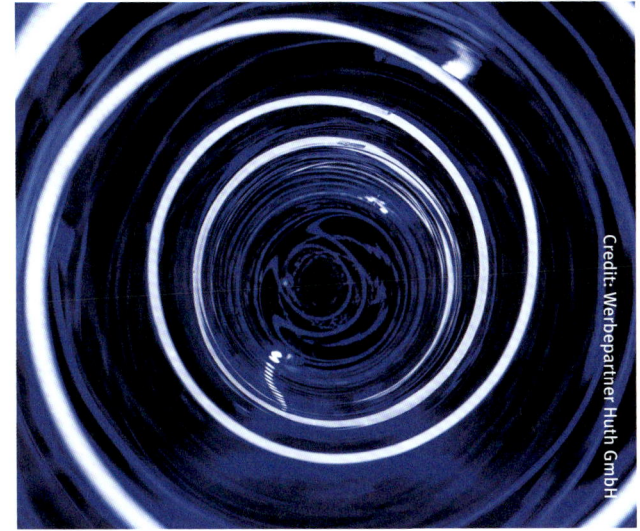
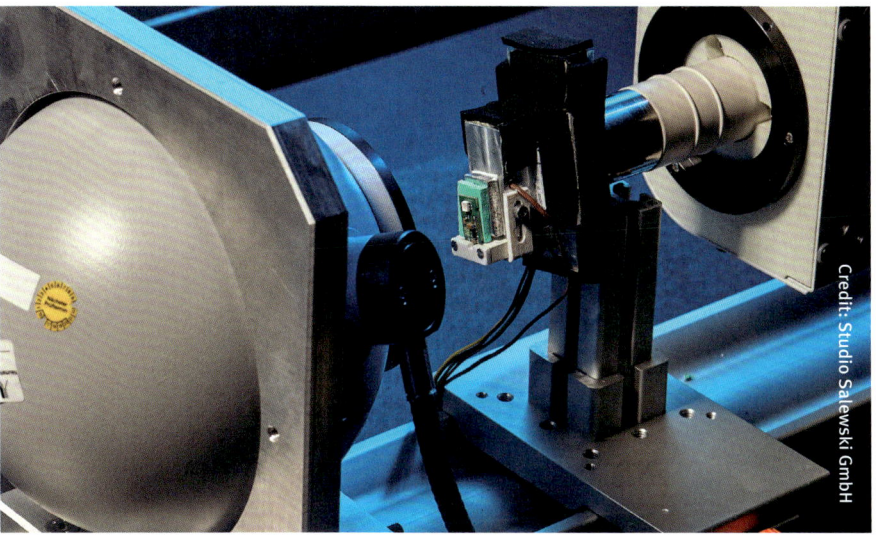

Busch-Jaeger Elektro GmbH

ELEKTROTECHNIK

Das Zuhause individuell gestalten, sowohl funktional als auch ästhetisch: Das ist Busch-Jaeger. Seit über 140 Jahren stellt das erfolgreiche Unternehmen Menschen mit ihren ganz individuellen Bedürfnissen in den Mittelpunkt.

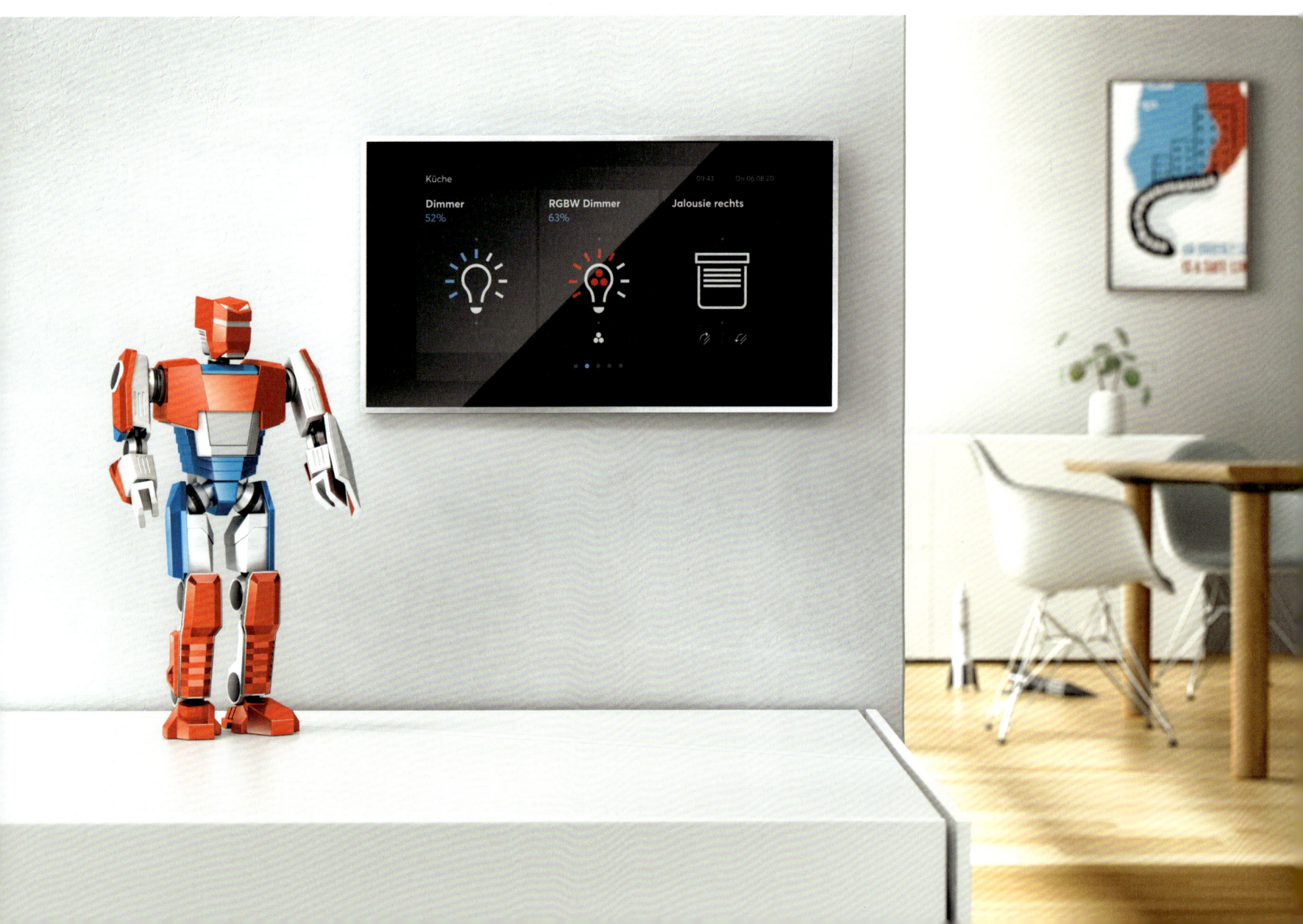

Der Marktführer für Elektroinstallationstechnik in Deutschland, Österreich und den Niederlanden bietet flexible Smarter-Home-Lösungen, die sich konkret nach den jeweiligen Bedürfnissen ihrer Nutzer richten und nicht nur funktional überzeugen, sondern auch in Hinblick auf ihr Design einen echten Mehrwert für das moderne Zuhause bieten.

Das Spektrum der rund 6.000 Produkte und Lösungen der Busch-Jaeger Elektro GmbH reicht von designstarken Schalterprogrammen bis hin zu innovativen vernetzten Systemen für die Gebäudesystemtechnik in Smart Homes und Smart Buildings.

Die Chronik der Busch-Jaeger Elektro GmbH sticht durch zahlreiche Pionierleistungen und innovative Produkte auf dem Sektor der Elektroinstallationstechnik hervor. Was mit der Gründung der Fassondreherei Heinrich Jaeger begann, präsentiert sich heute als marktführendes Unternehmen der Elektroinstallationstechnik mit zwei Standorten in Deutschland. Allein in den beiden Inlandswerken Lüdenscheid und Aue beschäftigt die seit 1969 zur BBC (heute ABB) gehörende Busch-Jaeger Elektro GmbH 1.300 Mitarbeiter. Exportiert wird in mehr als 60 Länder rund um den Globus, es bestehen Lizenz- und Fertigungskooperationen mit Partnerunternehmen in Spanien, Tschechien, Finnland und in Asien.

Die ständige Weiterentwicklung der Marke, eine detaillierte Betrachtung der Zielgruppe und ihrer Bedürfnisse sowie die einzigartige Kombination aus Tradition und Innovation sind die Zutaten des Erfolgs von Busch-Jaeger. Die momentanen, individuellen Bedürfnisse der Kunden werden dabei genauso bedacht wie mögliche Zukunftswünsche.

Mit der #smartertogether-Kampagne konzentriert sich Busch-Jaeger auf die Aspekte Vertrauen und Qualität, Bewusstsein und Perspektive sowie Komfort und Lifestyle. Der individuelle Wunsch nach Sicherheit, Nachhaltigkeit und Spaß am Zuhause wird in den Mittelpunkt gestellt und bildet das inhaltliche Fundament der Marke.

Das Design der Busch-Jaeger-Produkte und -Lösungen besticht durch Präzision und Einfachheit, eine verständliche Bedienung durch Reduzierung auf das Wesentliche, die Verwendung robuster, langlebiger Materialien sowie eine hochwertige Verarbeitung. Die Wünsche und Bedürfnisse der Kunden behält man dabei stets im Blick. Um innovativ zu bleiben, setzt man auf ständige Forschung und Entwicklung.

Mit Klarheit und Funktionalität beeindrucken – so lautet das Designmotto bei Busch-Jaeger. Dass dies bestens gelingt, bezeugen zahlreiche nationale und internationale Auszeichnungen. Sie bestätigen die Ansprüche an das Design und die Qualität des Unternehmens und motivieren dazu, die Innovationskraft aufrechtzuerhalten und offen zu sein für Veränderungen, spannende Themen und interessante Perspektiven. In bewegten Zeiten möchte man Neues gestalten und Bewährtes erhalten. Dafür steht die starke Marke Busch-Jaeger.

DATEN UND FAKTEN

PRODUKTE
Elektroinstallationsmaterial

STANDORTE
Lüdenscheid und Aue, Partnerunternehmen in Spanien, Tschechien, Finnland und in Asien

GRÜNDER
Hans-Curt Jaeger gemeinsam mit seinem Bruder Georg
(1879, Lüdenscheid)

INHABER
Konzern und 100 Prozent Tochter der ABB; Vorsitzender der Geschäftsführung: Adalbert Neumann

MITARBEITER
ca. 1.200 in Deutschland (2021)

VERTRIEB
weltweit über Architekten, Planer, Elektroinstallateure, Großhandel

WEBSITE
busch-jaeger.de

Busch-Jaeger steht für Elektroinstallationstechnik, die das Leben einfacher macht – und zukunftssicher. Als Marktführer denken wir in Generationen und übernehmen Verantwortung, indem wir die Zukunft nachhaltig schreiben.

Geck®

WARENTRÄGER, EINKAUFSWAGEN,
PREISAUSZEICHNUNG UND
DIGITALE LÖSUNGEN FÜR EINZEL-
HANDEL UND LOGISTIK

Ein kleines Produkt mit großem Effekt: Der Geck-Haken revolutionierte den Point of Sale in den 1960er-Jahren. Heute hat Geck® auch modernste digitale Lösungen im Programm.

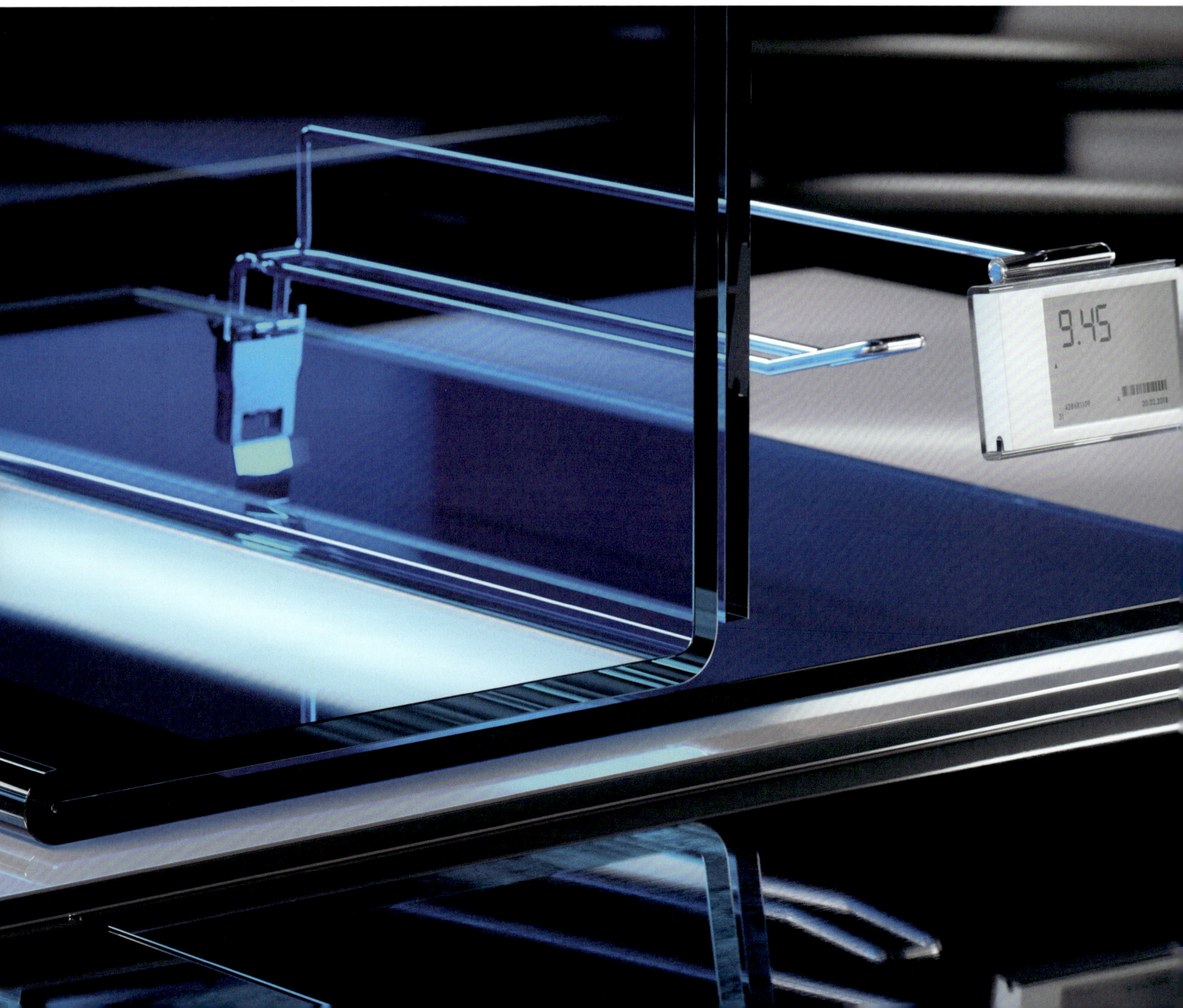

Strategisch optimiert und perfekt gefertigt - Displays von Geck®

In allen Märkten zuhause - Geck® Einkaufswagen.

Eine smarte Idee wird zum zeitlosen Klassiker: Der patentierte Geck-Haken findet überall im stationären Handel Verwendung. Fast jeder, der einkaufen geht, hat ihn schon einmal unbewusst genutzt. Er dient als funktionaler Warenträger mit einem oder zwei Haken und kann einfach in Lochwände sowie in allen gängigen Rückwandsystemen eingehängt werden. Durch die innovative Entwicklung aus dem Hause Geck® lassen sich auch bereits mit Waren bestückte Displays mühelos umgruppieren. Während der Geck-Haken die angebotenen Produkte optimal am Point of Sale präsentiert, bleibt er selbst bescheiden im Hintergrund. Dabei wurde der praktische Warenträger aus galvanisiertem Metall bereits mehr als 300 Millionen Mal produziert und ist Weltmarktführer in seinem Segment.

Die Erfolgsgeschichte des in fünfter Generation inhabergeführten Unternehmens begann 1852, als Johann Diedrich Geck seine Firma im westfälischen Mühlenrahmede, einem Stadtteil von Altena, gründete. Nach einer Lehre als Schmied fertigte er zunächst Ketten und weiteres Zubehör aus Metall für die Landwirtschaft. Seine Nachfolger taten es ihm gleich. So blickte Geck® bereits auf eine über 100-jährige Geschichte zurück, als das Unternehmen mit seinem klugen Hakensystem das Konzept der Selbstbedienung im Einzelhandel revolutionierte.

Ab den 1950er-Jahren stellte das innovative Unternehmen sein Produktprogramm nach und nach von Drahtkurzwaren und Möbelbeschlägen auf Ladenbauzubehör und Warenträger wie den Geck-Haken um. Mit dem Siegeszug von Discountern, Shopping-Centern und größeren Fachmärkten entwickelte sich Geck® in den folgenden Jahrzehnten zu einem international führenden Hersteller von individuellen ganzheitlichen Lösungen für den Point of Sale. An den Standorten in Altena, Lüdenscheid und Luckau sind aktuell insgesamt 350 Mitarbeitende beschäftigt.

Heute bietet das fortschrittliche Unternehmen seinen Kunden neben Warenträgern, Displays und Einkaufswagen auch digitale Lösungen – denn für den traditionell Metall verarbeitenden Hersteller bedeutet digitale Transformation viel mehr als die Digitalisierung seiner eigenen Prozesse in Entwicklung, Fertigung, Logistik und Verwaltung. Als kompetenter Partner des stationären Handels begann Geck® bereits vor fünf Jahren damit, intelligente Technologien für den Point of Sale evolutionär zu entwickeln, um die Erkenntnisse, die dem Onlinehandel aus seinen Analysemöglichkeiten und Insights entstehen, auch auf die stationäre Fläche zu übertragen und eine kanalübergreifende Customer Journey zu schaffen.

Von Ketten für die Landwirtschaft bis zur Entwicklung digitaler Lösungen war es ein weiter Weg. Geck® entstand durch den Wagemut seines Gründers; die Schaffenskraft seiner Mitarbeitenden hat es zum Weltmarktführer gemacht. Innovation wird auch in Zukunft der Motor des Unternehmens sein.

DATEN UND FAKTEN

PRODUKTE
Warenträger, Einkaufswagen,
Preisauszeichnung und digitale
Lösungen für Einzelhandel,
Verwaltung, Logistik etc.

STANDORTE
Altena, Lüdenscheid, Luckau

GRÜNDER
Johann Diedrich Geck
(1852, Altena)

INHABER
Familienunternehmen
in 5. Generation

MITARBEITER
350 (2022)

VERTRIEB
Deutschland und Europa

WEBSITE
geck.de

RZB Lighting

ELEKTROINDUSTRIE

WIR MACHEN LICHT.

Was mit der Fertigung elektrischer Bedarfsartikel sowie Porzellanleuchten begann, wurde zu einer internationalen Erfolgsgeschichte. Das durch Rudolf Zimmermann 1939 gegründete Familienunternehmen RZB Rudolf Zimmermann, Bamberg GmbH gehört heute zu einer der einflussreichsten Firmen der internationalen Lichtbranche. „Made in Germany" heißt für RZB „Made in Bamberg".

Das umfangreiche Produktportfolio deckt nahezu alle Beleuchtungsaufgaben ab: Innen- und Außenleuchten, Sicherheitsbeleuchtung, Lichtmanagementsysteme, UV-C-Luftentkeimungsgeräte. RZB bietet nicht nur ein umfassendes Angebot an Lichtsystemen, sondern begleitet und betreut seine Kunden vom ersten bis zum letzten Schritt, etwa bei der Lichtplanung, der Systemprogrammierung, der Inbetriebnahme, dem Monitoring und vielem mehr. „Licht ganzheitlich denken" ist das gelebte Motto und hebt das Unternehmen von seinen Mitbewerbern ab. Direkter Kundenkontakt und umfassender Service spielen dabei eine wichtige Rolle.

Mit seiner ganzheitlichen Betrachtung von technischen Produkteigenschaften, Energieeffizienz und Design ist das Unternehmen maßgebend. Der Anspruch, der Perfektion so nahe wie möglich zu sein, zahlt sich aus. 2021 erhielt RZB bereits zum vierten Mal das „Top 100"-Siegel und gehört damit zu den innovativsten Unternehmen im deutschen Mittelstand. Für seine Gestaltungsarbeit nahm RZB bereits über 75 international anerkannte Designpreise wie Red Dot, GDA und iF entgegen.

Mit dem System LINEDO kreierte RZB eine regelrechte Revolution im Bereich der Lichtbänder. Das Trägerprofil und die Lichtbandleuchte bilden bei LINEDO eine konstruktive Einheit, was die Montage erheblich vereinfacht. Nutzen und Einsatzbereiche werden dagegen maximiert. Überlegte Technologie macht das System überragend effizient, zukunftssicher und anwendungsflexibel. Das formschöne, minimalistische Ein-Komponenten-Lichtbandsystem ist via Web und App konfigurierbar, halbiert die Montagezeit und ist nahezu überall einsetzbar, ob in Industriegebäuden und Supermärkten oder auch in architektonisch anspruchsvollen Umgebungen wie Museen oder gar sakralen Gebäuden.

Zukunftsfähigkeit – dazu zählen für das Unternehmen die permanente Überprüfung und Überarbeitung aller Produkte sowie die Entwicklung neuer Produktinnovationen mit Mehrwert für Kunden und Umwelt. Widerstandsfähig – das bedeutet neben der Sicherung der hohen Qualitätsstandards auch die Verantwortung für den Standort Bamberg und die Mitarbeitenden. Die Globalisierung, das aktuelle Weltgeschehen sowie das Thema Nachhaltigkeit stellen auch RZB immer wieder vor neue Herausforderungen. Diesen begegnet man mit der Erschließung neuer Geschäftsfelder. Zudem wurde vor allem in den letzten Jahren die Digitalisierung vorangetrieben. Die Onlinepräsenz wurde ausgebaut und unter anderem um 3D-animierte Ansichten, Produktvideos und interaktive digitale Broschüren erweitert – ein Plus für die Umwelt und die Kunden.

Für seine Nachhaltigkeitsaktivitäten wurde RZB von EcoVadis mit der Bronzemedaille ausgezeichnet. Mit Mut zur ständigen Verbesserung fühlt sich das Unternehmen bestens für die Zukunft gerüstet, um auch die Weiterentwicklung des Lichts maßgeblich mitzubestimmen.

DATEN UND FAKTEN

PRODUKTE
Innenleuchten, Außenleuchten, Sicherheitsbeleuchtung, Lichtmanagementsysteme, UV-C-Luftentkeimungsgeräte, Beratung, Planung, Inbetriebnahme, Serviceleistungen

STANDORTE
eigene Gesellschaften in Österreich, der Schweiz, Nordeuropa, Frankreich, Asien-Pazifik und den Vereinigten Arabischen Emiraten

GRÜNDER
Rudolf Zimmermann
(1939, Bamberg)

INHABER
Alleingesellschafter Dr. Alexander Zimmermann

MITARBEITER
mehr als 700 (2022)

VERTRIEB
nahezu weltweit; B2B in DACH und Europa, daneben Vertriebspartner in über 70 Ländern und Handelspartner in Dubai und Malaysia

WEBSITE
rzb.de

Starkes Licht für starke Marken. Mit 360°-Licht-Kompetenz ist RZB der Partner mit Rundum- und Weitblick. Credits: Linus Lintner Fotografie | Berlin

Tojo – flexible Eleganz und Funktionalität

MÖBELHERSTELLUNG

Zeitloses, schlichtes Design kennzeichnet die Möbel des Unternehmens Tojo. Seit der Gründung im Juni 2000 durch Gerald Schatz zeichnen sich die Produkte der Schorndorfer Tojo Möbel GmbH durch Eleganz, Funktionalität, Ökologie und Ökonomie aus.

Die Besonderheit der Tojo-Möbel liegt in ihrer Flexibilität. Die ersten Produkte waren Betten, deren Größe sich variabel ändern lässt. Das Modell Tojo-vario wächst beispielsweise wie eine Ziehharmonika mit und begleitet einen von der Jugend bis ins Erwachsenenalter oder bietet einem oder mehreren Gästen Platz. Dabei kommt das Bio-Bett komplett ohne Schrauben, Beschläge, Lack und Lasur aus.

Das Unternehmen arbeitet mit unterschiedlichen Designerinnen und Designern zusammen. Großen Wert legt man dabei auf Nachhaltigkeit: Das Holz stammt ausnahmslos aus nachhaltiger Forstwirtschaft und wird nicht mit Holzschutzmitteln behandelt. Vor allem die Betten bestehen aus naturbelassenem Holz, für andere Produkte werden unbehandelte, FSC-zertifizierte Mitteldichte Holzfaserplatten (MDF) verwendet, die mit weißem oder anthrazitfarbenem Melaminharz beschichtet sind. Somit fügen sich die schlichten Tojo-Möbel auch farblich perfekt in jede Wohnung und jedes Büro ein.

Die Produktionsstätten in Deutschland, Norditalien und Ungarn arbeiten mit geringem Ausschuss. Alle Möbel sind – von Schrauben und Beschlägen abgesehen – komplett recycelbar und werden zerlegt verpackt, was einen ökonomischen Transport erlaubt. Neben einem eigenen Online-Shop vertreibt das Unternehmen seine Produkte vor allem über den Designmöbel-Handel – hauptsächlich in Deutschland, aber auch in zahlreichen europäischen Ländern sowie in Japan, Australien und Südkorea.

Mit den Jahren hat sich die Produktpalette entscheidend erweitert. Mittlerweile bietet Tojo neben Betten, Regalen und Schränken auch vielfältige Sitz-, Klein- und Kindermöbel an und trifft mit pfiffigen Ideen, schlichter Eleganz und bezahlbarem funktionalen Design den Zeitgeist.

In Zeiten steigender Rohstoffpreise und Materialknappheiten liegt eine große Stärke der Tojo-Möbel sicherlich in ihren Hauptmerkmalen Erweiterbarkeit und Nachhaltigkeit. Im Schrank- und Regalbereich sind die Möbel meist endlos erweiterbar und bestechen durch ihre extrem hohe Flexibilität und die umfangreichen Funktionen. Wer sich für ein Tojo-Möbelstück entscheidet, kann es somit vielfältig nutzen und je nach Bedarf vergrößern, verkleinern oder den Verwendungszweck und -ort verändern.

Zahlreiche Designpreise zeichnen die Tojo-Möbel aus. Bereits zwei Jahre nach der Gründung erhielt das zweite Bett im Sortiment namens Tojo-vario den Internationalen Designpreis des Design Center Stuttgart. Bis heute haben verschiedenste Möbel zahlreiche Preise erhalten, etwa den Interior Innovation Award und den German Design Award. Auch die Marke Tojo wurde ausgezeichnet, unter anderem mit dem German Brand Award.

2016 wurde Tojo in den Rat für Formgebung aufgenommen. Ein weiterer Meilenstein war bestimmt das Jahr 2022, in dem das Unternehmen mit aktuell acht Mitarbeitern seinen Neubau in Schorndorf bezog.

DATEN UND FAKTEN

PRODUKTE
Holzmöbel

STANDORT
Schorndorf

GRÜNDER
Gerald Schatz
(2000, Schorndorf)

INHABER
Gerald Schatz

MITARBEITER
8 (2022)

VERTRIEB
Europa, Japan, Australien und Südkorea, über Designmöbel-Händler und Onlineshop

WEBSITE
tojo.de

Die Marke Telekom: Auf dem Weg zur „Leading Digital Telco"

TELEKOMMUNIKATION

Die Deutsche Telekom hat sich zu einem der führenden globalen Player in der Telekommunikationsbranche entwickelt. Als wertvollstes digitales Telekommunikationsunternehmen in Europa und zweitwertvollstes weltweit befindet sich das Unternehmen seit Jahren konstant auf Zukunftskurs. Im Zuge seiner neuen Zielsetzung „Leading Digital Telco" passt der Konzern seinen Auftritt Schritt für Schritt konsequent an die neue Markenstrategie an, um seinen Kunden weltweit ein einheitliches Markenerlebnis zu bieten. Dieses Erlebnis konzentriert sich im Kern auf die Teilhabe der Menschen am digitalen Leben, nachhaltiges Handeln und den gesellschaftlichen Zusammenhalt.

Ein Unternehmen. Eine Marke. Ein Ziel. Die Telekom vereint zukünftig alle Landesgesellschaften unter einer starken globalen Marke und einer ikonischen Markenidentität. Dieser konsolidierte Auftritt ist die Basis für weiteres Wachstum und eine einheitliche Wahrnehmung in allen Märkten. Über eine länderübergreifende Markenarchitektur bietet sie ihren Kunden eine klare Orientierung und unterstützt ein effizientes und effektives Marken- und Kommunikationsmanagement.

„Unser globaler Markenansatz ist eine wesentliche Stütze unserer internationalen digitalen und nachhaltigen Unternehmensstrategie", erklärt Ulrich Klenke, Markenchef der Deutschen Telekom. „Ein Purpose, eine Markenarchitektur, ein Logo, ein Claim und ein Brand Design – wir wollen die Marke Telekom weltweit für alle Menschen zum Erlebnis machen."

Stärker. Einfacher. Moderner.
Nicht nur markenstrategisch hat die Telekom einen klaren Fokus. Anfang des Jahres 2022 hat sie ihr Logo deutlich verändert und für den Einsatz an digitalen Kontaktpunkten optimiert. Das bekannte T erhält eine neue Rolle und rückt zukünftig noch stärker in den Mittelpunkt der Kommunikation. Nicht mehr nur als reine Absenderkennzeichnung fungierend, wird das ikonische T nun auch dem jeweiligen Anlass und der Zielgruppe entsprechend individuell inszeniert. Das Logo ist dabei ein starkes Symbol für den digitalen Optimismus, der die Marke prägt. Als „Leuchtturm" symbolisiert es die Qualität und Stärke der Telekom-Netze sowie die Expertise bei innovativen digitalen Technologien, die die Gesellschaft befähigen, gemeinsam aktuelle und zukünftige Herausforderungen zu bewältigen. Das geschieht immer mit dem Ziel, das Leben der Menschen zu bereichern und jedem Einzelnen die Chance auf digitale Teilhabe zu ermöglichen.

Neben dem Logo ist und bleibt die Unternehmensfarbe Magenta ein zentrales Erkennungsmerkmal. Weltweit werden nur wenige Unternehmen so eindeutig über ihre Markenfarbe erkannt und erinnert. Neben der Wiedererkennung der Farbe bekommt auch der Begriff „Magenta" eine klare Rolle: In Zukunft wird die Bezeichnung zur länderübergreifenden Strukturierung des Produktportfolios genutzt und garantiert eine klare Differenzierung vom Wettbewerb. Zusammen mit dem 2020 eingeführten Liquid-Brand-Designsystem sind Logo und Farbe somit der Grundstock, die Wahrnehmung der Telekom als globale Marke zu festigen.

Eine Marke mit weltweiter Strahlkraft.

Eine der bekanntesten und wertvollsten Marken weltweit.
Heute ist die Deutsche Telekom eine der bekanntesten und wertvollsten Marken weltweit und mit Abstand die wertvollste Telekommunikationsmarke in Europa. Verschiedene Bewertungen und Indizes listen das Unternehmen unter den Top-20-Marken weltweit und bestätigen damit die positive wirtschaftliche Unternehmensentwicklung und erfolgreiche Markenstrategie.

Eine Marke, die sich auf dem Weg zur Leading Digital Telco befindet.

Das T steht im Mittelpunkt der Kommunikation und kann themen- oder zielgruppenspezifisch inszeniert werden.

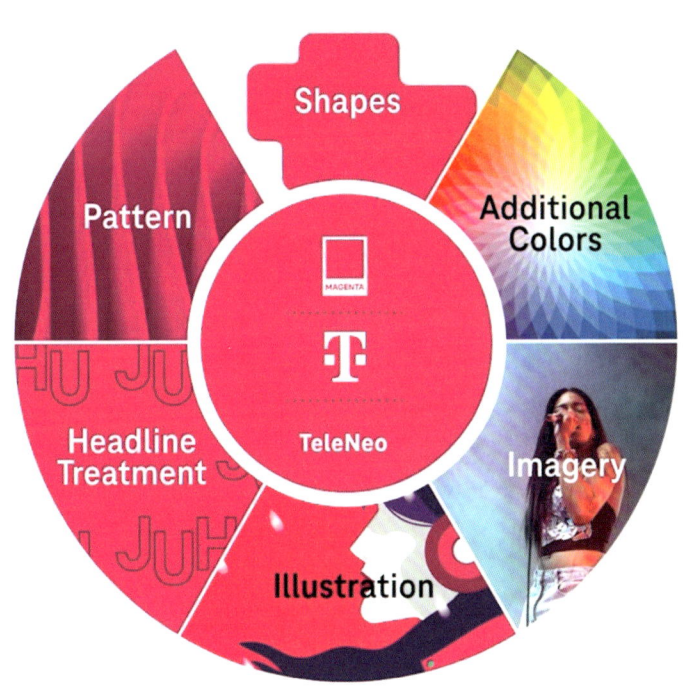

DATEN UND FAKTEN

BRANCHE
Die Deutsche Telekom gehört mit rund
250 Millionen Mobilfunk-Kundinnen und -Kunden,
26 Millionen Festnetz- und 21 Millionen Breitband-
Anschlüssen zu den führenden integrierten
Telekommunikations-Unternehmen weltweit.

PRODUKTE
Produkte und Dienstleistungen aus Festnetz/
Breitband, Mobilfunk, Internet und Internet-
basiertem Fernsehen;
ICT-Lösungen im Bereich B2B

STANDORTE
in mehr als 50 Ländern weltweit;
Headquarter in Bonn

MITARBEITER
216.528 weltweit

JAHRESUMSATZ
108,8 Mrd. Euro (2021)

WEBSITE
telekom.de

Oben: Das Liquid Brand Design besteht im Kern aus fixen Elementen, die die Wiedererkennbarkeit sichern. Im äußeren Ring finden sich die flexiblen Gestaltungselemente für ein kreatives Storytelling. Unten: Die Unternehmensfarbe Magenta bleibt weiterhin ein zentrales Erkennungsmerkmal. Als Trägerfläche für die Kommunikation kann sie je nach Kontext und Kontaktpunkt eine entsprechende Form annehmen.

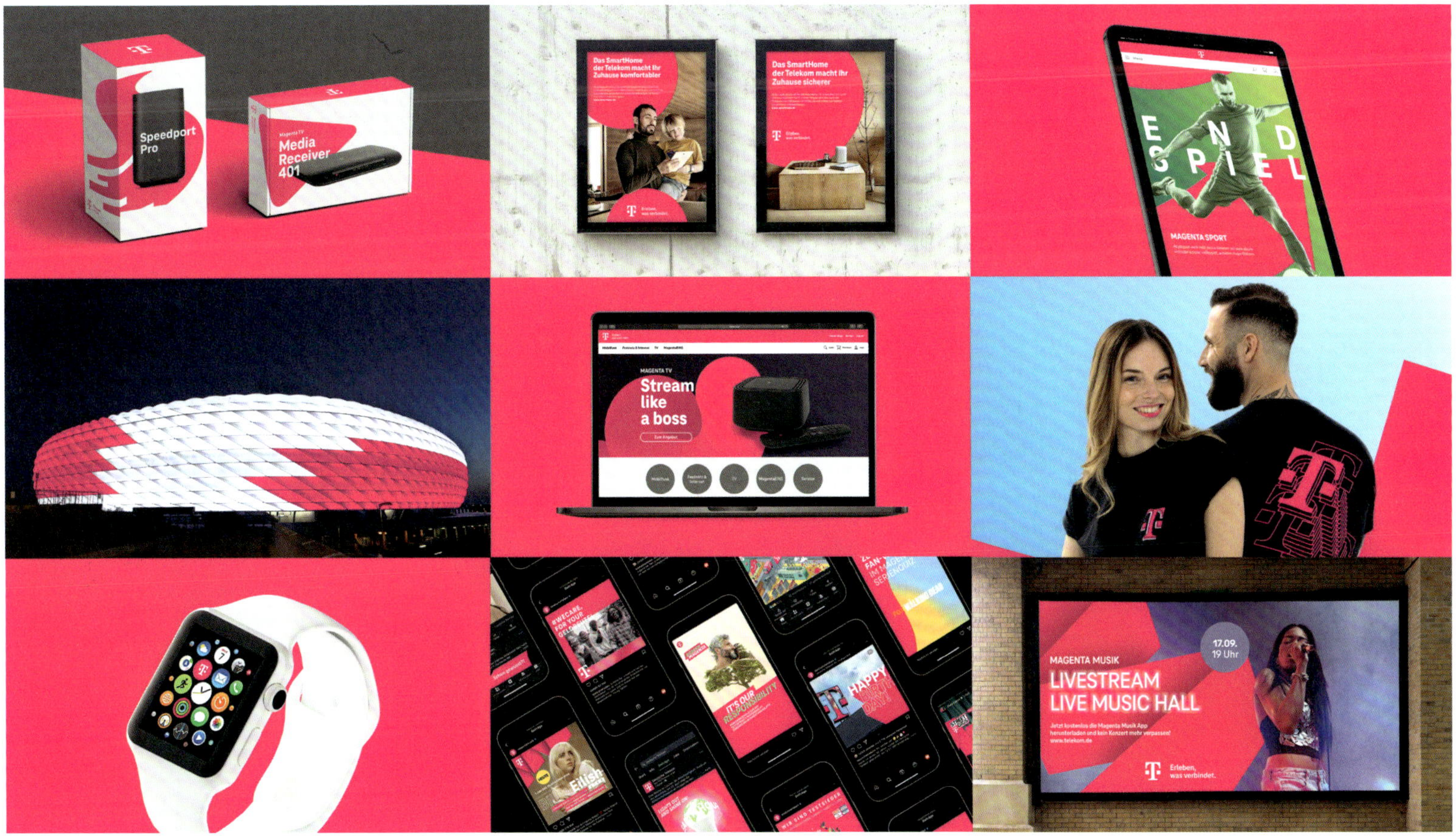

Bethmann Bank

FINANZDIENSTLEISTUNGEN

Kann eine Bank eine der ältesten und gleichzeitig eine der modernsten Privatbanken Deutschlands sein? Für die Bethmann Bank ist das kein Widerspruch. Analog, digital oder künftig mit ganz neuen Technologien: Veränderungen sind seit jeher Teil ihres täglichen Geschäfts.

ECHT.
NACHHALTIG.
PRIVAT.

Credit: Alex Habermehl Fotografie

Unveränderlich bleiben dabei die Werte: Die Menschen – sowohl die Kundinnen und Kunden als auch die Mitarbeiterinnen und Mitarbeiter – stehen im Mittelpunkt, um die Gesellschaft zum Vorteil aller zu gestalten.

1712 gegründet, ist die Bethmann Bank heute einer der Top-3-Anbieter von Private Banking in Deutschland und betreut vornehmlich Privatkunden, institutionelle Kunden und Unternehmer. Sie gehört zur niederländischen ABN AMRO, einer der kapitalstärksten Banken Europas. Mit 14 Standorten ist sie in allen wichtigen Wirtschaftsregionen Deutschlands vertreten und auch international gut vernetzt.

Als eine der wenigen Privatbanken, die individuelle Beratung anbieten, liegt der Fokus nicht auf den eigenen Produkten, sondern auf klaren, verständlichen und nachhaltigen Lösungen für die Kunden. Herzstück ist die Vermögensverwaltung – mittlerweile gehen über 80 Prozent der neu angelegten Kundengelder in diese nachhaltige Dienstleistung. Seit Anfang 2022 gibt es darüber hinaus das Angebot „Entrepreneur & Enterprise": Ein Team aus spezialisierten Corporate Bankern betrachtet gemeinsam mit den Privatkundenberatern sowohl das Privat- als auch das Unternehmensvermögen; das ist besonders für Familienunternehmen relevant, bei denen das eine nicht vom anderen zu trennen ist.

Geschichte und Moderne bilden eine Einheit.

Nachhaltiges Investieren und gesellschaftliches Handeln gehören bei der Bethmann Bank untrennbar zusammen. Nachhaltigkeit ist dabei nicht nur ein Schlagwort: Bereits seit 2011 bietet die Vermögensverwaltung nachhaltige Fonds, und genauso lange existiert ein externer, unabhängiger Nachhaltigkeitsbeirat. Seit 2021 erhalten Kunden in einem Bericht einen Überblick, wie viel CO_2 ein nachhaltiges im Vergleich zu einem herkömmlichen Depot einspart. Auch der Bankbetrieb verändert sich: Seit 2013 bezieht die Bank Ökostrom, sowohl die Car- als auch die Reise-Policy wurden reformiert, der Hauptsitz der Bank in Frankfurt ist von ihrem Stammsitz „Bethmannhof" in ein LEED-zertifiziertes Gebäude umgezogen, und die Bank arbeitet daran, CO_2-neutral zu werden.

Wandel war über drei Jahrhunderte hinweg der stetige Begleiter der Bank. Zu ihren Kunden gehörten Kaiser Friedrich der Große und die Familie Johann Wolfgang von Goethes. Bethmann war an der Finanzierung des Eiffelturms und an den Gründungen junger Firmen wie Siemens oder Krupp beteiligt. Auf ihren Erfolgen ausgeruht hat sie sich jedoch nie, sondern sich stets an neue Rahmenbedingungen und vor allem an die sich verändernden Kundenbedarfe angepasst. In manchen Bereichen war Bethmann Wegbereiter: Sie bietet nicht nur schon seit 2011 nachhaltige Investments an, sondern hat bereits Jahre vor der Pandemie intensiv in die IT investiert, wodurch der Kundenkontakt auf digitalem Weg nahtlos aufrechterhalten blieb und bleibt – eine wichtige Basis für eine erfolgreiche Zukunft.

DATEN UND FAKTEN

PRODUKTE
Vermögensverwaltung, Anlageberatung, Entrepreneur & Enterprise, Private Equity, Philanthropie, Nachfolgeplanung, Lending, Wholesale

STANDORTE
Frankfurt am Main (Hauptsitz) sowie 13 weitere deutsche Städte; ABN AMRO: in 13 Ländern weltweit

GRÜNDER
Splitgerber und Daum
(1712, Berlin)

INHABER
ABN AMRO

MITARBEITER
ca. 550 in Deutschland (2021); im Mutterkonzern ABN AMRO ca. 20.000 weltweit

VERTRIEB
Deutschland

WEBSITE
bethmannbank.de

Mauser

KONSTRUKTION UND
FERTIGUNG VON
EINRICHTUNGSSYSTEMEN
AUS STAHL

Hochwertige Stahlmöbel von Mauser Einrichtungssysteme sind funktional, nachhaltig und langlebig. Das Unternehmen aus Korbach konstruiert seine Systeme mit viel Leidenschaft für den Werkstoff Stahl.

Millionenfach bewährt bei gewerblichen Endkunden: Der Universal-Flügeltürenschrank von Mauser wird seit über 60 Jahren hergestellt und vertrieben. Eine Vielzahl an Modellen, Größen, Ausstattungen und Farben sorgt dafür, dass er unterschiedlichsten Anforderungen gerecht wird. In den 1980er-/1990er-Jahren war der „Mauser-Schrank" zur Aufbewahrung von Karteikarten in fast jeder Arztpraxis zu finden. Darüber hinaus dienen Mauser Stahlschränke seit Langem als solider Stauraum in Büros, Schulen, Werken oder Archiven.

Gegründet wurde die Firma 1896 von Alfons Mauser im baden-württembergischen Oberndorf am Neckar als Fabrik für Stahlblechwaren und Stahlgitter. 1921 folgten der Kauf der Werksanlagen im nordhessischen Waldeck und die Gründung der Mauser-Werke GmbH, später übernahmen seine Söhne das Geschäft und erweiterten die Produktpalette. Die Produktion von Stahlmöbeln begann 1929. Im hessischen Korbach, dem heutigen Firmensitz, wurden ab 1953 unter anderem Tische, Sitzmöbel, Büromöbel und Stahlschränke für Lager/Betrieb gebaut. Heute führt Dr. Martin Sagel das Unternehmen. Mit dem Leitsatz „Just do it sustainably" verdeutlicht Mauser seine Firmenphilosophie, die mit einer freiwilligen Handlungsverpflichtung für eine nachhaltige Zukunft verbunden ist.

Im Gegensatz zu vielen Wettbewerbsprodukten werden die Stauraummöbel von Mauser aus nachhaltigem Stahl gefertigt. Das hat entscheidende Vorteile: Der Werkstoff Stahl ist äußerst widerstandsfähig, weder Feuer noch Wasser können ihm etwas anhaben. Durch die hohe Belastbarkeit des Werkstoffs und die Art der Fertigung können Mauser-Schränke auch im befüllten Zustand transportiert werden. Und nach der Nutzungsdauer eines Stahlmöbels lässt sich der Werkstoff zu 100 Prozent recyceln – immer wieder.

Verarbeiteter Stahl bietet somit eine nachhaltige, ressourcenschonende Basis für die Fertigung neuer Stahlprodukte. Zur Herstellung seiner Korpusmöbel verwendet Mauser Stahlblech, für die Regalsysteme wird verzinktes Blech verbaut. Aufgrund seiner speziellen Fertigungs- und Materialkompetenzen formt das Unternehmen den Werkstoff in unterschiedlichsten Geometrien.

Die Designlinie „element.x" ist ein edel gestaltetes Stauraumsystem zur Möblierung von Büros und Wohnräumen. Seine höchst belastbaren doppelwandigen Stahlmodule lassen sich zu Schränken, Theken, Vitrinen, Regalen, Raumteilern oder Lowboards zusammensetzen. Sie können in RAL-Farben ein- oder zweifarbig gestaltet werden. Das Erkennungszeichen des Systems sind verchromte Eckverbinder aus Zink-Druckguss, die als Gehrungskeder dienen. Beim Stapeln von vier Modulen bilden sie ein markantes „x".

Als besonders flexibel erweist sich das neue Stellwand- und Akustiksystem von Mauser. Die einzelnen Elemente der Serie „conexius.w" können bei Bedarf zu immer wieder neuen Möbeltypen zusammengesetzt werden. So wird aus der Akustikwand ein Regal oder eine Pflanzkastenwand, die zugleich ein Raumteiler ist. Für Möbelsysteme wie diese und 125 Jahre Entwicklung, Konstruktion und Fertigung hochwertiger Innovationen wurde das Unternehmen als „Marke des Jahrhunderts 2022" in der Produktgattung Stahlmöbel ausgezeichnet.

DATEN UND FAKTEN

PRODUKTE
Einrichtungssysteme aus Stahl

STANDORT
Korbach, Hessen

GRÜNDER
Dr.-Ing. e. h. Alfons Mauser (1896, Oberndorf am Neckar)

INHABER
Vauth-Sagel Holding (seit 2004)

MITARBEITER
250 (2022)

VERTRIEB
Europa, über Fach- und Versandhändler

WEBSITE
mauser.com

Ideen aus Stahl – seit 1896

Links: Stahl schafft Architektur, „element.x" überzeugt im Homeoffice wie im Großraumbüro. Rechts: Mehrgeschossanlage Rollregal RR409 im Archiv.

MARTOR

WERKZEUG, PSA

Professionelle Werkzeuge erfüllen in erster Linie eine präzise vorgegebene Funktion. Das ausgezeichnete MARTOR-Design beeinflusst dabei gleichermaßen Funktionalität, Sicherheit und individuell wahrgenommene Wertigkeit.

Der Griff zum Messer gehört für Beschäftigte in Industrie und Handwerk zum Arbeitsalltag. Egal ob ein schneller Schnitt durchs Klebeband oder ein präzises Zuschneiden von Material: Ein scharfes Messer erleichtert dem Profi die Arbeit erheblich. Darüber hinaus ist das ergonomische Design maßgeblich für die Handhabung des Messers verantwortlich. Ergonomie trägt einerseits zur Arbeitseffizienz bei und hilft andererseits, Arbeitsunfälle zu verhindern.

In mehr als 80 Jahren hat sich MARTOR als in dritter Generation geführtes Familienunternehmen zum internationalen Qualitäts- und Technologieführer für sicheres und effizientes Schneiden entwickelt. Dabei nutzt MARTOR sein zuverlässiges Gespür für die Bedürfnisse des Anwenders und sein ausgeprägtes technologisches Know-how, um immer wieder innovative und langlebige Qualitätsprodukte zu entwickeln und herzustellen. Das Ergebnis sind Produkt- und Design-Klassiker, darunter das international erfolgreiche erste TÜV-geprüfte Sicherheitsmesser der Welt namens PROFI, ausgestattet mit einem automatischen Klingenrückzug. Oder weltweit erste Sicherheitsmesser mit einem vollautomatischen Klingenrückzug, der nächsthöheren Sicherheitsstufe. Letzter Coup: Mit den Zangengriffmessern SECUPRO 625, SECUPRO MARTEGO und SECUPRO MERAK hat das Nürnberger Institut für Gesundheit und Ergonomie erstmals gleich drei Arbeitsmesser als „ergonomische Produkte" zertifiziert.

Mit Funktionalität, Design und Qualität ist es MARTOR gelungen, in den drei gängigsten Sicherheitsmesser-Kategorien (verdeckt liegende Klinge, vollautomatischer Klingenrückzug, automatischer Klingenrückzug) Referenzprodukte zu entwickeln. Dabei setzt das Unternehmen gleichermaßen auf modernste Fertigungsmethoden wie auch auf ein Höchstmaß an fachkundiger Handarbeit, zum Beispiel bei der obligatorischen manuellen Qualitätsprüfung.

Dem markentypischen MARTOR-Design verdankt das Unternehmen zahlreiche Auszeichnungen, darunter den Red Dot Design Award, den German Design Award, den pro-K award und den iF Design Award.

Mit seinem Produktdesign zielt MARTOR aber keineswegs nur auf das Auge des Betrachters. Designelemente wie die klare Linienführung, die cyanfarbenen Bedienteile und die Kennzeichnung am Produkt unterstützen den Anwender vielmehr bei der intuitiven und damit besonders sicheren und effizienten Handhabung.

Ohnehin legt MARTOR größten Wert darauf, dass nicht nur seine Schneidwerkzeuge, sondern auch seine Services konsequent vom Kunden her gedacht und konzipiert werden. Gleiches gilt für seinen Auftritt als nahbares, modernes und sympathisches Unternehmen. Der neue Claim „THE SAFER WAY TO CUT" ist dabei Anspruch und Mission zugleich. Jeder, der mit professionellem Schneiden zu tun hat, kann sicher davon ausgehen, bei und mit MARTOR die optimale Lösung gefunden zu haben.

DATEN UND FAKTEN

PRODUKTE
Sicherheitsmesser – Produkte und Services rund um das sichere Schneiden

STANDORTE
Solingen (Firmenzentrale), USA und Frankreich; Partner und Händler weltweit

GRÜNDER
E. Helmut Beermann (1940, Solingen)

INHABERIN
Sonja Hendricks (alleinige Gesellschafterin)

MITARBEITER
150/30 (Inland/Ausland)

VERTRIEB
Distribution in über 80 Länder weltweit, im Schwerpunkt über den PSA- und Werkzeughandel

WEBSITE
martor.com

martor

THE SAFER WAY TO CUT.

CUTTING-EDGE CONVENIENCE – die Markenidee manifestiert sich in den Produkten, Services und Räumlichkeiten und wird so jederzeit für Kunden und Mitarbeiter erlebbar.

RTL

MEDIEN UND ENTERTAINMENT

RTL entwickelt sich vom Broadcaster zu Europas führender Entertainmentmarke. Die Marke steht für die ganze Bandbreite von Entertainment – von guter Unterhaltung bis zu unabhängigem Journalismus, von TV bis Streaming, von Content bis Tech, von Design bis Data.

DATEN UND FAKTEN

PRODUKTE
Medien und Entertainment,
Plattform RTL+

STANDORTE
Köln, Hamburg, Berlin,
15 weitere Städte

GRÜNDER
CLT und Bertelsmann/UFA

INHABER
RTL Group

MITARBEITER
7.500 (2022)

VERTRIEB
Deutschland,
online weltweit

WEBSITE
rtl.de

Die Geschichte von RTL begann auf einem Dachboden in Luxemburg. Zwei Brüder mit Pioniergeist, Marcel und François Anen, gründeten 1925 die Association Radio Luxembourg. Lange hatte sich niemand vorstellen können, dass sich der kleine Radiosender einmal zu einem der größten europäischen Unterhaltungskonzerne entwickeln würde. 1957 begann „Radio Luxemburg" damit, in Deutschland für ein paar Stunden pro Tag auf Sendung zu gehen. Am 15. Juli machte der Sprecher Pierre Nilles seine erste Ansage in deutscher Sprache. „Ab heute", sagte er, „werden wir täglich von 14 bis 16 Uhr ein Programm mit Unterhaltungsmusik senden. Bitte melden Sie sich, wenn Sie uns zufällig hören."

Zu dieser Zeit ahnte niemand, wie sehr einer der ersten kommerziellen europäischen Sender die Medienlandschaft in Deutschland verändern würde. Inzwischen hat RTL Deutschland seinen Hauptsitz in Köln und an 17 weiteren Standorten; die wichtigsten befinden sich in Hamburg und Berlin. Das Unternehmen bezeichnet seine Expertise als „Content, Tech und Data für gute Unterhaltung und unabhängigen Journalismus".

Als führende Entertainmentmarke über alle Mediengattungen hinweg beschäftigt RTL Deutschland rund 7.500 Mitarbeitende bei einem Jahresumsatz von 2,43 Millionen Euro (2021). Das crossmediale Markenportfolio ist darauf ausgerichtet, „alle Menschen in Deutschland zu erreichen". Ergänzend dazu wird die Plattform „RTL+" zum allumfassenden Medienangebot ausgebaut. Abonnenten erhalten künftig nicht nur Filme und Serien, Shows, Dokumentationen, Sport und Information, sondern auch ein umfangreiches Musikangebot, exklusive Podcasts, eine Hörbuch-Bibliothek sowie Zugang zu digitalen Premium-Zeitschriften. Das Motto lautet „mehr sehen, mehr hören, mehr lesen". Das neue Corporate Design des Unternehmens spiegelt diese Haltung wider und signalisiert: „RTL ist bunt." Denn das Logo besitzt nicht eine Farbe, sondern das ganze Farbspektrum.

Weltweite Krisen und ein aggressiveres politisches Klima bewegen die Gesellschaft. Umso wichtiger sei es, als Medienunternehmen eine klare Haltung zu zeigen und mehr Verantwortung zu übernehmen. RTL Deutschland möchte ein Zeichen setzen, so die Unternehmenssprecher. „Wir machen uns stark für Vielfalt, Zusammenhalt, Nachhaltigkeit und Menschlichkeit. Wir sprechen Klartext, geradeheraus und auf Augenhöhe. Wir inspirieren Menschen, die Dinge mal anders zu sehen, anzupacken oder bessere Entscheidungen zu treffen. Im Kleinen wie im Großen." Diesem Anspruch möchte sich das Unternehmen mit positiver Unterhaltung und unabhängigem Journalismus stellen, nicht nur in Deutschland. RTL soll zur führenden europäischen Entertainmentmarke entwickelt werden.

Wer erfolgreich sein und bleiben will, muss Zukunft antizipieren.

PROF. MIKE RICHTER

SCHRAMM Werkstätten

MÖBELINDUSTRIE/
MATRATZENHERSTELLUNG

Als international erfolgreiche Premiummarke verbindet die Bettenmanufaktur SCHRAMM traditionelles Handwerk mit hoher Innovationskraft und arbeitet jenseits der gängigen Massenproduktion.

Seit drei Generationen steht die Marke SCHRAMM für Qualität und höchsten Schlafkomfort, der konsequent weiterentwickelt wird. Das Familienunternehmen wurde 1923 von Karl Schramm in Enkenbach-Alsenborn als Polsterei und Sattlerei gegründet. Mitte der 1960er-Jahre spezialisierte sich die Firma zunächst auf die Herstellung hochwertiger Matratzen und Untermatratzen. Darauf folgte die Entwicklung eigener Bettkreationen sowie vollständig integrierter Zwei-Matratzen-Systeme. Heute haben die international erfolgreichen SCHRAMM Werkstätten ihren Standort im rheinland-pfälzischen Winnweiler. Das Portfolio des Unternehmens umfasst patentierte Schlafsysteme und exklusiv gestaltete Betten, die zum Teil in Zusammenarbeit mit namhaften Designern entstehen.

SCHRAMM steht für langlebige Werte und nachhaltige Qualität. Mit ihren umfangreichen Kenntnissen – vom traditionellen Handwerk bis hin zur modernen Fertigungsorganisation – realisieren die rund 190 Mitarbeitenden der SCHRAMM Werkstätten Schlafkomfort der Spitzenklasse. Die Herstellung der SCHRAMM Betten ist von hoher Präzision und persönlichem Einsatz geprägt. Jedes Bett wird in der modernen Manufaktur auf Bestellung handwerklich gefertigt und ist daher ein echtes Unikat. Die richtige Mischung aus edlen Materialien und einem erfahrenen Team mit viel Fingerspitzengefühl macht die außergewöhnliche Qualität möglich. Mit seinen innovativen Produkten „Handmade in Germany" vertritt SCHRAMM eine Gegenposition zur heute gängigen Massenproduktion und ist damit führend am Markt. Zum Denken und Handeln der Marke gehört, dass SCHRAMM auch in Zukunft ein in Deutschland produzierendes Unternehmen bleiben wird.

Das hochspezialisierte Team von SCHRAMM entwickelt innovative Produkte und Systeme für guten und erholsamen Schlaf. In die Manufakturmatratzen der Marke werden dauerelastische Federn eingesetzt, die nach einer weltweit einzigartigen Methode hergestellt werden und resistent sind gegen Ermüdung und Überbelastung. Um hohen Schlafkomfort zu schaffen, setzt SCHRAMM zudem unterschiedliche Federkräfte, sogenannte Rezepturen, ein, die sich dem liegenden Körper individuell anpassen. Mit dem bekannten Komfort der Betten, sinnvoller Verwendung von Naturmaterialien und nachhaltigem Handwerk hat sich SCHRAMM weltweit einen Namen gemacht. In den Werkstätten entstehen durch das Know-how des Teams formvollendete Unikate der Schlafkultur.

Die Vision des Unternehmens umfasst zahlreiche Facetten: Mit den Produktlinien PUREBEDS, ORIGINS & ORIGINS COMPLETE sowie GRAND CRU richtet sich SCHRAMM an Privatkunden. Die Linie SAVOY ermöglicht höchsten Schlafkomfort im Hospitality-Bereich. Die Betten dieser Linien sind nicht nur sehr erfolgreich am nationalen wie internationalen Markt, sie wurden auch mit zahlreichen renommierten Designpreisen ausgezeichnet, darunter der Award „Marken des Jahrhunderts", der von der Zeit-Verlagsgruppe vergeben wird.

Bewährte Traditionen können den Weg in die Zukunft ebnen – und den SCHRAMM Werkstätten gelingt dies auf vorbildliche Weise. Im Jahr 2023 feiert das traditionsreiche Familienunternehmen sein 100-jähriges Bestehen.

DATEN UND FAKTEN

PRODUKTE
Bettsysteme, Matratzen und Beimöbel im Premiumsegment

STANDORT
Winnweiler, Rheinland-Pfalz

GRÜNDER
Karl Schramm
(1923, Enkenbach-Alsenborn)

GESCHÄFTSFÜHRER
Martin Kaus

MITARBEITER
190

VERTRIEB
über B2B-Handelspartner; DACH, BENELUX, Frankreich, Italien, Spanien, Dänemark, Liechtenstein, Tschechien, Litauen, Ukraine, Lettland, Asien

WEBSITE
schramm-werkstaetten.com

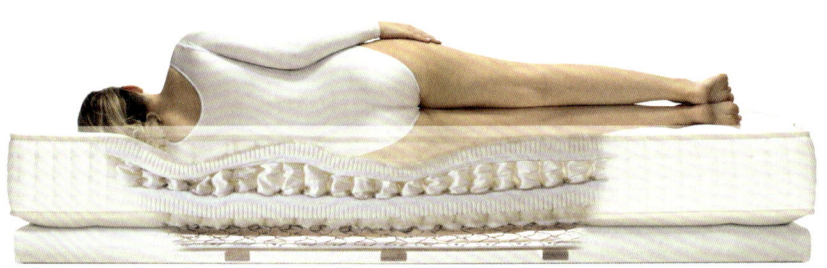

OutNature by PreZero

PAPIER- UND ZELLSTOFFINDUSTRIE

Mit mehr als 23 Millionen Tonnen jährlicher Produktionsmenge gehören Papier, Karton und Pappe zu den wichtigsten Werkstoffen. OutNature präsentiert eine vielseitige, innovative und nachhaltige Faserstoffalternative.

IN DER ZUKUNFT
VERWURZELT

Bislang ausschließlich als Energiepflanze genutzt, können die Fasern der Durchwachsenen Silphie nun als neuer Rohstoff in der Papierherstellung eingesetzt werden.

Faserholz ist heute noch die bevorzugte Basis für die Produktion von Papier. Bis die Holzzellulose ihren Einsatz in der Papierproduktion oder der Herstellung anderer Zellstoffprodukte findet, durchläuft sie zahlreiche energie- und chemikalienintensive Prozesse. Gleichzeitig wächst der Nutzungsdruck auf die sensible Ressource Holz stetig. Alternativen zur konventionellen Produktion sind deshalb gefragt wie nie. Mit der Herstellung von Naturfasern aus der Durchwachsenen Silphie, einem Korbblütler, und deren Einsatz in der Herstellung von Papier und anderen faserbasierten Produkten hat OutNature eine innovative Methode entwickelt. Die Faseralternative wird bereits zu mindestens 35 Prozent in Papierqualitäten eingesetzt und hilft dabei, den gefragten Werkstoff erfolgreich in die Zukunft zu führen.

Die Marke OutNature wurde 2019 als Start-up der PreZero-Unternehmensfamilie, der Umweltsparte der Schwarz-Gruppe, gegründet. Mit der von ihr vertretenen Technologie will OutNature eine ökonomische und ökologische Faserstoffalternative für die Papier- und Verpackungsherstellung schaffen. OutNature soll nicht nur den Einsatz von klassischem Zellstoff durch die anteilige Verwendung der Silphie-Alternative signifikant reduzieren, sondern damit auch die Unabhängigkeit von weltweiten volatilen Zellstoffmärkten vorantreiben.

Das Verfahren der Fasergewinnung aus der bisher überwiegend für die Biogasgewinnung genutzten Pflanze benötigt wenig Energie und verbraucht nur geringe Mengen Wasser. Restliche Pflanzenbestandteile können weiterhin als Gärsubstrat genutzt werden.

OutNature will außerdem auf Basis der Verarbeitung der Silphie-Pflanze ein Kreislaufsystem etablieren, das die Papierherstellung über den gesamten Prozess der Wertschöpfung hinweg regionalisiert. Vom Anbau über die Logistik, Papierproduktion und Verpackungsherstellung bis zum Handel und der anschließenden Entsorgung und Wiederverwertung will OutNature Papier neu denken. Mit innovativen bioökonomischen Lösungsansätzen soll es gelingen, ländliche Räume dauerhaft zu stärken, Arbeitsplätze zu schaffen und gleichzeitig eine umfassende Wertschöpfung „Made in Germany" abzubilden. Damit will OutNature effiziente Lösungen für Handel und Industrie gestalten, die zu einer beständigen und nachhaltigen Zukunft beitragen.

Das auf Grundlage der Durchwachsenen Silphie hergestellte Papier besitzt eine besonders natürliche Optik und Haptik. Mit Warenaufstellern im deutschen Einzelhandel für Marken von Procter & Gamble sowie der Einführung von Silphie-Verpackungen für Bioprodukte der Eigenmarken von Kaufland und Lidl konnte OutNature bereits die vielfältigen Anwendungsmöglichkeiten in der Praxis demonstrieren. Die Zertifizierung nach FSC-Standard, das ISEGA-Zertifikat für den Kontakt mit Lebensmitteln und andere Zertifikate sowie der Nachweis der Recycelbarkeit bilden die Grundlage für weitere Anwendungsmöglichkeiten und ebnen OutNature zusätzlich den Weg in den Markt. Begleitet wird die Entwicklung von zahlreichen Auszeichnungen wie dem Deutschen Verpackungspreis 2020, dem German Design Award 2022, dem German Innovation Award 2022, dem World Star Packaging Award 2021 oder dem Bioökonomie-Innovationspreis BW 2020.

DATEN UND FAKTEN

PRODUKTE
nachhaltige Faser- und Papierprodukte auf Basis der Silphie-Pflanze für Verpackungslösungen in Handel und Industrie

STANDORT
Neckarsulm, Baden-Württemberg

GRÜNDER
OutNature ist eine Marke des Umweltdienstleisters PreZero (Schwarz-Gruppe).

MITARBEITER
14 (2022)

VERTRIEB
DACH-Region; weitere Internationalisierung in Planung

WEBSITE
out-nature.de

SHADESIGN

SONNENSCHUTZSYSTEME

Die klassische Markise ist in Sachen Design deutlich in die Jahre gekommen. Mit dem SHADE-Schatten-System verbindet SHADESIGN innovative Technik mit zeitgemäß stylischem Look.

PASSION FOR SHADE

Als Hersteller von Sonnenschutz-Systemen und Technischer Konfektionär widmet sich die SHADESIGN GmbH aus dem oberbayerischen Bruckmühl seit mehr als einem halben Jahrhundert mit aller unternehmerischen Leidenschaft dem Thema Sonnenschutz. SHADESIGN entwickelt und produziert Sonnensegel, fest stehende Segel und technisch konfektionierte Tücher, die Fachhändlern und Kunden aus Architektur und Baugewerbe vielfältige Möglichkeiten bieten, Sonnenschutz als harmonisch integrierten Bestandteil des Gebäudedesigns zu realisieren.

Nach seinen Gründern benannt, präsentierte sich die Mayle & Fellermeier GmbH in Kolbermoor bei Rosenheim als erster Hersteller von hochfrequenzverschweißten beschichteten PVC-Tüchern. Lkw-Planen und Markisentücher verhalfen dem Unternehmen zu stetigem Wachstum. Mit der Übernahme durch seinen heutigen Inhaber Florian Aulinger erfolgte ab 1995 schrittweise die strategische Ausrichtung auf den Produktionsbereich Sonnenschutz.

Seit 2012 steht das SHADE-Schatten-System als Kernprodukt im Zentrum des Engagements. Das einzigartige, weltweit patentierte System aus modular erweiterbaren Beschattungslösungen bietet in unterschiedlichen Varianten zuverlässigen und nahezu grenzenlos kombinierbaren Sonnen- sowie komfortablen Regenschutz. Die Innovationskraft der 50 Mitarbeiterinnen und Mitarbeiter des 2018 konsequent in SHADESIGN GmbH umbenannten Unternehmens umfasst jedoch nicht ausschließlich die Arbeit der Segelmacher und Technischen Konfektionäre; als Teil der internationalen Ausrichtung gewinnt auch das Produktdesign, mit Einführung und Fokussierung auf das rollbare Segel SHADE, zunehmend an Bedeutung. Das gesamte Sortiment zeichnet sich deshalb neben einer benutzerorientiert einfachen Bedienbarkeit vor allen Dingen durch seinen puristisch „coolen" Look aus. Dass dieses Design nicht nur bei Kunden gut ankommt, belegt der German Design Award 2021, der das SHADE-Schatten-System in der Kategorie „Gardening and Outdoor Living" als „Excellent Product Design" auszeichnet.

Parallel zur Fokussierung auf das SHADE-Schatten-System wächst seit 2018 auch das internationale Engagement des bayerischen Herstellers. Unter dem neuen CEO Frank Reisenauer wurde das Vertriebsteam deutlich ausgebaut, und 2020 folgte mit Übernahme durch Silvia Reh auch eine Neustrukturierung des Verantwortungsbereichs Marketing, E-Commerce und Social Media. Die Verantwortung für den fachkundig kritischen Blick auf das Marktumfeld trägt ebenfalls seit 2020 der neue Produktmanager Christian Simon.

Als erfolgsentscheidend erweist sich die gemeinsame Vision aller Mitarbeiterinnen und Mitarbeiter. SHADESIGN setzt in erster Linie auf Qualität und Service, deren Grundlage eine enge, vertrauensvolle und zuverlässige Zusammenarbeit innerhalb des Unternehmens sowie im Austausch mit Partnern bildet. Ein faires und offenes Betriebsklima ist ebenso elementarer Bestandteil der Firmenphilosophie wie der verantwortungsbewusste Umgang mit Aspekten der Nachhaltigkeit, sowohl mit Blick auf die eigene Produktion als auch bei der Auswahl geeigneter Zulieferer und Subunternehmer.

DATEN UND FAKTEN

PRODUKTE
Sonnensegel, fest stehende Segel, technisch konfektionierte Tücher

STANDORT
Bruckmühl, Bayern

GRÜNDER
Gerhard Mayle und Anton Fellermeier (1964, Kolbermoor, als G. Mayle & A. Fellermeier GmbH)

INHABER
Florian Aulinger

GESCHÄFTSFÜHRUNG
Florian Aulinger
Frank Reisenauer

MITARBEITER
50 (2022)

VERTRIEB
B2B an Fachhändler,
90 Prozent in der DACH-Region,
10 Prozent in Exportländer

WEBSITE
shadesign.de

Cloer

ELEKTRO- UND KÜCHENKLEINGERÄTE

Die Unternehmensgruppe Caspar Cloer aus Neheim an der Ruhr ist Marktführer im Bereich Waffeleisen. Im Jahr 2023 feiert das Familienunternehmen sein 125. Firmenjubiläum.

Links: Sicherheit, Haltbarkeit und Performance – Qualitätsprüfung im firmeneigenen Entwicklungslabor von Cloer.
Rechts: Cloer Lunch Care System – alle Elemente zum praktischen Aufbewahren, Transportieren und Aufwärmen eigener Gerichte für unterwegs.

Eine Marke mit Herz: Dies spiegelt sich nicht nur durch das Geschmackserlebnis in Herzform aus den Cloer-Waffeleisen wider, sondern auch in der gesamten Firmengeschichte. Caspar Cloer gründete seine Fabrik für elektrische Heiz- und Kochgeräte 1898 in Neheim an der Ruhr (Arnsberg, Südwestfalen). Angetrieben von den neuen Möglichkeiten durch elektrischen Strom zu dieser Zeit, realisierte Cloer auf Grundlage seiner Bügeleisenproduktion die Innovation eines elektrischen Waffeleisens und war einer der ersten Hersteller, die diese Geräte fertigten. Zunächst experimentierte er mit verschiedenen Backformen für flache Hörnchen und weiche, kuchenartige Waffeln. Um das beste Back- und Geschmackserlebnis seiner Waffeln zu erzielen, entwarf er ein symmetrisches Herz – so entstand die ikonische Form der Cloer-Waffel mit den angeschnittenen Pyramiden.

Durch kontinuierliche Weiterentwicklung und Erschließung neuer Sortimentsbereiche wurde der Name des Gründers in den folgenden Jahrzehnten zur bekannten Marke. Mittlerweile reicht das Produktportfolio von Kaffeemaschinen und Wasserkochern, Toastern und Eierkochern über Barbecue- und Raclette-Grills bis hin zu einem Lunch Care System. Das charakteristische Design-Element der Cloer-Waffeleisen – ein schwarzer Bügel, der das Gerät umschließt – wird in der Formsprache der Produkte immer wieder neu interpretiert und trägt so zum Wiedererkennungswert der Marke bei.

Eine wichtige Rolle spielt das firmeneigene Entwicklungslabor am Cloer-Stammsitz in Neheim: Dort werden wegweisende Produkte für den aktuellen und zukünftigen Markt erprobt. Die Serienproduktionen erfolgen in hochmodernen Anlagen in Asien, der Vertrieb über den Fach- und Einzelhandel sowie online in vielen Ländern weltweit.

Im Jahr 2023 begeht das in vierter Generation geführte Familienunternehmen sein 125. Firmenjubiläum. Getreu dem Motto „Die Zeiten ändern sich. Das Herz bleibt." liegt der Fokus auf einer schlanken Produktion mit vollständig digitalisierten Geschäftsprozessen sowie einer kontinuierlichen Verbesserung der Fertigung und Logistik, um für seine Kunden stets die hohe Qualität der Produkte mit Sicherheit, Haltbarkeit und Performance zu garantieren. Erreicht wird dies nicht zuletzt durch die eigene Ausbildung der Mitarbeitenden, die dem Unternehmen oft über Jahrzehnte treu bleiben und entscheidend zur hohen Qualität der Marke Cloer beitragen.

DATEN UND FAKTEN

PRODUKTE
Elektro- und Küchenkleingeräte

STANDORTE
Firmensitz Neheim an der Ruhr, mehrere Produktionsstätten in Asien

GRÜNDER
Caspar Cloer (1898, Neheim an der Ruhr)

INHABER
Familie Cloer in 4. Generation

MITARBEITENDE
50 MitarbeiterInnen weltweit

VERTRIEB
in zahlreiche Länder weltweit über Fach- und Einzelhandel sowie online

WEBSITE
cloer.de

HAILO-Werk

METALLINDUSTRIE

Als „Marke des Jahrhunderts" blickt HAILO auf eine lange erfolgreiche Geschichte zurück. Schon früh hat das Unternehmen begonnen, Innovation, Qualität und strategische Markenbildung zu verbinden.

Bereits seit 1953 setzt HAILO auf innovative Abfalleimer-Lösungen für die Küche.

DATEN UND FAKTEN

PRODUKTE
Leitern/Steiggeräte
und Abfallsysteme/Mülleimer

STANDORTE
Haiger, Hessen
Tochtergesellschaften in Frankreich,
Tschechien und den USA

GRÜNDER
Rudolf und Irene Loh
(1947, Haiger)

INHABER
Sebastian Loh

MITARBEITER
460 (2022)

VERTRIEB
weltweit

WEBSITE
hailo.de

Über drei Generationen ist es der Firma HAILO in 75 Jahren gelungen, sich international buchstäblich einen Namen zu machen. Die Kombination aus dem Ort der Unternehmensgründung, HAIger, und dem Namen des Gründerpaares, Rudolf und Irene LOh, schaffte die Grundlage für die Marke HAILO, die heute im Haushalt wie im Profibereich etabliert ist. Bei Leitern und Mülleimern, den Kernprodukten des Unternehmens, führt in der Wahrnehmung durch die Kunden im B2B und B2C kein Weg an HAILO vorbei. Das markante Design der HAILO-Produkte trägt seinen Teil zur Markenbekanntheit bei und erzeugt durch Farbgebung sowie mit der durchgängigen Verwendung charakteristischer funktionaler Designelemente einen hohen Wiedererkennungswert. So können zum Beispiel Leitern durch den prägnanten roten Gelenkpunkt auf den ersten Blick der Marke HAILO zugeordnet werden. Zusammen mit der innovativen Produktentwicklung und höchsten Qualitätsstandards ist es HAILO gelungen, weltweite Bekanntheit zu erlangen und sich erfolgreich im Wettbewerb zu behaupten.

Den Anstoß zur konsequenten Entwicklung der Marke HAILO lieferte Joachim Loh, Sohn des Gründers und Vater des heutigen Inhabers, Sebastian Loh. In der Zeit seiner Geschäftsführung ab 1971 wurde das bis heute nur leicht überarbeitete Markenlogo entwickelt und darüber hinaus grundlegende Regeln einer Corporate Identity geschaffen und umgesetzt.

HAILO verbindet unter einer Marke drei eigenständige Geschäftsbereiche mit unterschiedlichen Zielgruppen. HAILO home & business kennzeichnen Steiggeräte und Abfallsammler für die Arbeit in Haus und Garten. HAILO Einbautechnik vereint vielfältige Einbaulösungen in der Abfallsammlung sowie Ordnungssysteme für die Küchenindustrie. Als dritte Sparte bietet HAILO Professional innovative Steig- und Sicherheitstechnik für den Hoch- und Tiefbau. Neben dem Markennamen verbindet die drei Bereiche ein gemeinsamer Markenkern: HAILO steht für komfortable Handhabung, höchste Qualität und Sicherheit.

In 75 Jahren der Firmengeschichte ist es HAILO als Familienunternehmen immer wieder gelungen, sich veränderten Marktbedingungen anzupassen und die Marke HAILO weiterzuentwickeln und zu festigen. Mit der Digitalisierung, insbesondere im Bereich Datenmanagement, hat HAILO in der Zeit der Corona-Pandemie einen weiteren konsequenten Schritt in die Zukunft der Marke unternommen. Auf Basis der gesammelten Daten und Informationen zu Kunden, Produkten und Services arbeitet HAILO heute an bedarfsgerechten Innovationen, steuert damit die Marke in die Zukunft und macht das Unternehmen resilient für kommende Herausforderungen.

HAILO-Steiggeräte-Kompetenz findet man auch im Tiefbau.

QLOCKTWO

KÜNSTLERISCHE ZEITOBJEKTE

Zeit in einer neuen Dimension: QLOCKTWO sind ästhetische Zeitmesser, die mit großer Handwerkskunst gefertigt werden.

Zeit ist ein von Menschen geschaffenes Mysterium. Erst die Verständigung über sie durch Sprache verleiht ihr ihre einzigartige Bedeutung. QLOCKTWO transformiert die Uhr von der klassischen Zeitanzeige zum Objekt der angewandten Kunst, indem die Uhrzeit mittels einer Matrix aus Buchstaben in geschriebenen Worten angezeigt wird. Die Oberflächen der luxuriösen Zeitobjekte variieren in unterschiedlichen Farben und Materialien. Dazu zählen natürlicher Schiefer, 24-karätiges Blattgold, reines Platin, gerosteter oder roher Stahl sowie patiniertes Kupfer. Qlocktwo ist in mehr als 20 Sprachen verfügbar.

Die Grundlage ihres kreativen Konzepts bildet eine intensive künstlerische Auseinandersetzung mit dem Thema Zeit seit den 1990er-Jahren. Mit QLOCKTWO haben Biegert und Funk eine ganz eigene Produktkategorie geschaffen, die ein klares Alleinstellungsmerkmal besitzt und umfangreichen Urheberschutz mit bislang 23 Patenten in verschiedenen Ländern umfasst. Gemeinsam mit den Gründern verantwortet der geschäftsführende Gesellschafter Jens Adamik heute die Marke und die Entwicklung des Unternehmens. Als erste in Deutschland eingetragene Multimedia-Marke verbindet QLOCKTWO das Prinzip der Zeitmessung mit Handwerkskunst und modernem Interior Design. QLOCKTWO ist in verschiedenen Dimensionen und Ausführungen erhältlich.

Im Lauf der Jahre haben die außergewöhnlichen Zeitmesser mehr als 30 internationale Designauszeichnungen erhalten und sind als nationales Kulturgut in der Sammlung des Landesmuseums Württemberg vertreten. Das Bekenntnis zum Standort Deutschland ist ein wichtiger Teil der Firmenphilosophie: Die QLOCKTWO-Manufaktur befindet sich in Schwäbisch Gmünd, der Heimatstadt der Designer. Zuliefernde Unternehmen stammen aus der Umgebung, um Lieferwege kurz zu halten und die Arbeitsplätze in der Region zu stärken. Bei der Erschaffung und Veredlung der Unikate werden industrielle Fertigungstechniken aufs Feinste von der Kunstfertigkeit hoch spezialisierter Handwerker ergänzt.

In einer immer komplexer werdenden Welt erfüllen diese besonderen Zeitobjekte das Bedürfnis der Menschen nach Klarheit und Gelassenheit, verbunden mit einem Moment der bewussten Entschleunigung. QLOCKTWO lädt dazu ein, eine Auszeit vom schnelllebigen Alltag zu nehmen, innezuhalten und ein neues Zeitgefühl zu entwickeln.

DATEN UND FAKTEN

PRODUKTE
künstlerische Zeitobjekte

STANDORTE
in Deutschland, Schweiz, USA

GRÜNDER
Marco Biegert und Andreas Funk

GESCHÄFTSFÜHRER
Marco Biegert, Andreas Funk und Jens Adamik

MITARBEITER
60 (2022)

VERTRIEB
Weltweit über exklusive Fachhändler, eigene Mono-Brand-Stores und online

WEBSITE
qlocktwo.com

QLOCKTWO®

3deluxe

ARCHITEKTUR UND DESIGN

Als Design- und Architekturbüro betreut 3deluxe seit 1995 Kunden aus Industrie, Handel, Real Estate sowie Privatpersonen. In zahllosen preisgekrönten Projekten im In- und Ausland gestaltet 3deluxe zukunftsorientierte urbane Lebensräume mit großer Strahlkraft.

FC-Campus © by 3deluxe, 2020 \\ Photography: Sascha Jahnke

Mit hoher fachlicher Expertise und der interdisziplinären Zusammenarbeit von Architekten, Innenarchitekten, Landschaftsplanern und Designern ist es in drei Jahrzehnten seit der Gründung als Gestaltungsbüro gelungen, die Marke 3deluxe mit beeindruckenden Gebäuden, Räumen und Installationen zu verbinden.

Als unternehmerische Symbiose aus „3" Firmengründern und höchstem Qualitätsanspruch auf „deluxe"-Niveau vereint 3deluxe die verschiedenen Kompetenzfelder transmedial, im Spannungsfeld zwischen Architektur und Design, Kunst und Popkultur. Hieraus entstanden und entstehen einzigartige Projekte, etwa die Multimedia Theme World SCAPE im Rahmen der Expo 2000; der Cocoon Club in Frankfurt (2004); die Szenografie und das Bühnenbild inklusive aller Bauten – oder auch das Kostüm- und Sounddesign für die rund 10-minütige Abschlussveranstaltung der FIFA WM 2006 im Auftrag von André Heller; der Leonardo Glass Cube (2007) in Bad Driburg, genutzt als Repräsentationszentrum des prominenten namensgebenden Herstellers von Trinkgefäßen und Glasaccessoires. Ebenfalls erwähnenswert: der Noor Island Park (2015), ein transmedial inszenierter Landschaftspark in den Vereinigten Arabischen Emiraten; das Harting European Distribution Center (2019); der FC Campus (2020); die V-Plaza Litauen (2020) sowie der #WeThePlanet Campus / Floating Platform (2021).

Die zahllosen internationalen Projekte vereint der zukunftsweisende Designansatz, der ökologisch vulnerable Aspekte integriert und den Menschen sowie die Natur gleichberechtigt in den Mittelpunkt stellt. Dabei steht 3deluxe für eine ikonografische Formensprache, die zum Wohlfühlen beiträgt. So wird aus einem historischen Platz in Litauen, in Gestalt des wiederholt ausgezeichneten V-Plaza, ein urbanes Wohnzimmer als Hybrid aus begrünten Ruheoasen, Wasserläufen, Cafés und modernen Office Spaces.

Die weltweite Wahrnehmung der dauerhaft positiven Verwandlung der von 3deluxe gestalteten Orte spiegelt sich auch in zahlreichen Auszeichnungen wider. Hervorzuheben ist hier, neben anderen, der Green Good Design Award 2022. In seinem Konzept eines grünen und menschenfreundlichen Firmengebäudes, im Auftrag der New Yorker Organisation We The Planet, entwickelt 3deluxe ein urbanes Biotop als Aufbau auf ein bestehendes Flachdach. Dabei folgt 3deluxe dem 50/50-Prinzip, bei dem der vom Menschen genutzte Innenraum den gleichen Platz einnimmt, der auch der Natur vorbehalten bleibt, die das Konzept interaktiv einbezieht.

Alle Auszeichnungen betrachtet 3deluxe als zusätzlichen Ansporn für seine Arbeit mit Designexpertise und fortschrittlichen Technologien und einem ressourcenschonenden Einsatz von Materialien.

DATEN UND FAKTEN

PRODUKTE
Architektur, Interior, Design

STANDORTE
Wiesbaden, Miami, Dubai

GRÜNDER
Nik Schweiger, Andreas und Stephan Lauhoff, Dieter Brell (1995, Wiesbaden)

INHABER
Peter Seipp, Dieter Brell, Stephan und Andreas Lauhoff

MITARBEITER
45 (2021)

VERTRIEB
globaler Wirkungsgrad; Partner-Netzwerk mit jeweils lokalen Developern, Architekten, Experten vor Ort

WEBSITE
3deluxe.de

3DELUXE

Links: MERCK – eyrise® cubicle © by 3deluxe. 2021 \\ Photography: Sascha Jahnke. Rechts: V-Plaza © by 3deluxe. 2020 \\ Photography: Norbert Tukaj

KISKA

MARKE, DESIGN
UND KOMMUNIKATION

Als integriertes Beratungsunternehmen nutzt KISKA die Methodik des Integrated Design Development. Um erfolgreich neue Marken zu kreieren und bereits etablierte Marken neu zu positionieren und zu stärken.

DESIGNING DESIRE

Ein Unternehmen zu gründen und ein Produkt auf den Markt zu bringen, ist streng genommen keine große Kunst. Sich langfristig am Markt zu behaupten und sich zu diesem Zweck vom Wettbewerb abzuheben – das ist hingegen eine herausragende Leistung. Betrachtet man jene Unternehmen, die sich zum Teil über Jahrzehnte erfolgreich durchsetzen konnten, wird schnell deutlich, was sie und ihr Angebot auszeichnet: die Kombination eines relevanten Produkts mit einem einzigartigen Markenerlebnis.

Erfolgreiche Marken stechen in erster Linie durch ihren Wiedererkennungswert hervor, der sich aus einer strategischen, zielgruppenorientierten Gestaltung des Designs und der Kommunikation ergibt. Beides zu entwickeln und langfristig veränderten Anforderungen und Voraussetzungen anzupassen, erfordert Kreativität, fachliches Know-how und Erfahrung – Eigenschaften, die KISKA seit 30 Jahren entwickelt und als integriertes Beratungsunternehmen erfolgreich in seinen Studios vereint.

KISKA betreut globale Unternehmen aus den Bereichen Mobilität, Sportartikel, Consumer Tech und Professional Tools mit Dienstleistungen in den Bereichen Marke, Design und Kommunikation. In individueller Zusammenstellung nutzt KISKA die Kompetenzen und Ressourcen seiner insgesamt 250 Mitarbeitenden in vier Studios. Im Kundenauftrag kreiert KISKA markenbezogene Produkt- und Serviceerlebnisse, um Marken zu erschaffen, sie zu stärken oder auch komplett neu zu positionieren.

Die KISKA GmbH wurde 1990 als Agentur für Produktdesign vom Namensgeber Gerald Kiska in Salzburg gegründet. Zu den bis heute bekanntesten Kunden des Unternehmens zählt die Motorradmarke KTM, mit der KISKA seit 1991 eine Markendesign-Partnerschaft pflegt, in deren Rahmen KISKA maßgeblich für das beliebte Zweiraddesign verantwortlich zeichnet. Innerhalb der folgenden Jahre gelang es KISKA, sukzessive die eigenen Kompetenzen zu erweitern, neue renommierte Kunden zu gewinnen und das eigene Unternehmen zu vergrößern. So erweiterte KISKA sein Dienstleistungs-portfolio bis 2015 um die Bereiche Kommunikationsdesign, Mobilitätsdesign, digitales Design sowie Forschung, Markenberatung, Produktberatung, Bekleidungs- und Schuhdesign.

Mit dem Umzug in ein neues, 6.000 Quadratmeter großes Studio in Salzburg (2008) sowie der Eröffnung weiterer Studios – im kalifornischen Murrieta (2015), in Shanghai (2018) und München (2021) – erweitert KISKA bis heute nicht nur stetig seinen unternehmerischen Aktionsradius, sondern vor allem seine Kompetenzen. 250 kreative Experten aus mehr als 35 Nationen arbeiten in den Studios fachübergreifend zusammen und profitieren dabei nicht zuletzt von der Diversität der Teams. Sie begründen die Unternehmenskultur, die gleichermaßen der Schlüssel zum Erfolg von KISKA wie zum Erfolg der von ihnen geschaffenen Marken ist.

DATEN UND FAKTEN

PRODUKTE
Dienstleistungen im Bereich Marke, Design, Kommunikation

STANDORTE
Salzburg (Hauptsitz), München, Schanghai, Murrieta

GRÜNDER
Gerald Kiska
(1990, Salzburg)

INHABER
Sébastien Stassin und Julian Herget (geschäftsführende Gesellschafter), Ferdinand Klauser (Partner und Geschäftsführer von KISKA Brand Design Shanghai), Gerald Kiska (Gründer und Vorsitzender)

MITARBEITER
15 in Deutschland,
250 weltweit (2022)

WEBSITE
kiska.de

kiska.

KISKA kombiniert kreative Disziplinen, um neue Marken zu entwickeln und bestehende zu stärken, alles unter einem Dach.

OBJECT CARPET

TEXTILE BODENBELÄGE

OBJECT CARPET verfolgt ein revolutionäres Unternehmensziel: die Eroberung der Branche mit dem ersten zirkulären Teppichboden. Das Unternehmen verbindet Nachhaltigkeit mit prämiertem Design und beeindruckender Farbvielfalt.

DESIGN FOR RECYCLING

Design XPOSIVE aus der PLACES OF ORIGIN Kollektion / Credit: Andreas Hoernisch Photographie

Seit 50 Jahren „Made in Germany": Dafür steht OBJECT CARPET, Spezialist für Teppichböden für den Objektbereich. Das 1972 von Roland Butz im baden-württembergischen Denkendorf gegründete und heute in zweiter Generation von seinem Sohn Daniel Butz geleitete Unternehmen hat sich im deutschsprachigen Raum und darüber hinaus einen Namen mit belastbaren, langlebigen und dank ihrer Oberflächenstruktur und Farbvielfalt vielseitig einsetzbaren textilen Bodenbelägen gemacht.

Maßgeschneiderte Teppichböden in 1.200 Farben und unterschiedlichsten dreidimensionalen Druck-Designs bieten gewerblichen Kunden, Architekten, Raumausstattern oder Büroeinrichtern vielfältige Möglichkeiten, strapazierfähigen Bodenbelag mit individuellen Designvorstellungen zu kombinieren und so Wohn- und Arbeitsräume nach den Vorstellungen ihrer Auftraggeber zu gestalten.

Seit 2017 setzt OBJECT CARPET dabei bewusst auf umwelt- und gesundheitsbewusste Produktionsverfahren. Mit der Einführung des innovativen Verfahrens der Rückenbeschichtung WELL-TEX® verzichtet OBJECT CARPET bei der gesamten Fliesen-Kollektion auf den Einsatz von PVC, Bitumen und Latex und verbessert dabei sogar grundlegende Produkteigenschaften wie Elastizität und Verlegekomfort.

Das Streben nach kontinuierlicher ganzheitlicher Weiterentwicklung erweist sich als konsequentes Motiv in der Unternehmensgeschichte von OBJECT CARPET. Im Jahr 2020 erfolgte der Umzug in das neue Headquarter im architektonisch bemerkenswerten OBJECT CAMPUS. Das innovative Gebäudeensemble vereint ebenfalls Design und Nachhaltigkeit und bietet heute unter dem Motto „City of Visions" neben OBJECT CARPET zahlreichen Unternehmen optimale Voraussetzungen für innovatives Arbeiten und branchenübergreifende Kooperation.

Mit der Eingliederung des Schwesterunternehmens TOUCAN-T festigte OBJECT CARPET im Jahr 2021 seine Marktposition zusätzlich und setzt damit auf sinnvolle und nachhaltige Synergieeffekte der beiden starken Marken. Erst kürzlich hat in Krefeld infolge der Verschmelzung der beiden Unternehmen eine gläserne Manufaktur ihre Pforten geöffnet, um Kunden zusätzlich zu den Showrooms in Stuttgart, Berlin, Frankfurt am Main, Hamburg, München, Zürich und Wien einen tiefen Einblick in die Produktvielfalt und die Produktionsverfahren zu bieten.

Unter dem Motto „DESIGN FOR RECYCLING - FOREVER YOUNG" verfolgt OBJECT CARPET mit der Markteinführung des ersten zirkulären Teppichbodens das ehrgeizige Ziel, durch unternehmens- und branchenübergreifenden Wissenstransfer und Kooperation einen wichtigen Beitrag zum Umweltschutz zu leisten. Ohne Qualitätseinbußen gelingt es OBJECT CARPET, Teppichböden zu produzieren, die zu 100 Prozent recyclingfähig sind oder bereits aus recyceltem Polyamid-Garn (ECONYL® von Aquafil) gefertigt werden. Zudem werden Klebstoffe aus ebenfalls recyclingfähigem Polyester verwendet und auf weitere Füllstoffe und ansonsten übliche, oft problematische Inhaltsstoffe verzichtet.

Repräsentativer Eingangsbereich im OBJECT CAMPUS. Credit: Markus Guhl

DATEN UND FAKTEN

PRODUKTE
textile Bodenbeläge, Teppichboden

STANDORTE
Denkendorf (Hauptsitz), Krefeld (Produktion), Showrooms in München, Frankfurt am Main, Hamburg, Berlin, Zürich (CH), Wien (AT)

GRÜNDER
Roland Butz
(1972, Denkendorf)

INHABER
Roland Butz, Daniel Butz (CEO)

MITARBEITER
180 (2022)

VERTRIEB
B2B an Architekten, Innenarchitekten, Bauherren, Projektentwickler, Planer, Büroeinrichter, Raumausstatter

WEBSITE
object-carpet.com

Kollektion OBJECT CARPET × Ippolito Fleitz Group. Credit: Monica Menez

studiokurbos GmbH

FULL-SERVICE-DESIGNENTWICKLUNGEN

studiokurbos ist ein unabhängiges und inhabergeführtes Designstudio mit Sitz in Stuttgart und Shanghai. Sein Portfolio mit Schwerpunkt auf der Automotive-Branche ist einzigartig in Deutschland.

Als interdisziplinärer Designpartner gestaltet studiokurbos Fahrzeuge, Produkte und Nutzerschnittstellen für Marken und Märkte auf der ganzen Welt.

Emotionales Storytelling zeichnet das Design von studiokurbos aus. Ein jeder Kunde hat besondere Anforderungen, Wünsche und Erwartungen. Das hoch spezialisierte Designteam aus Stuttgart geht diesen Anforderungen auf den Grund, um maßgeschneiderte innovative Gesamtkonzepte für eine Marke zu entwickeln. Was die Menschen in der Zukunft bewegt, ist eines der zentralen Themen.

„Wir gestalten physische wie digitale Interaktionen, die das Produkt oder die Technologie für die Menschen im wahrsten Sinne des Wortes begreifbar und im Dialog erlebbar machen", sagt Studiogründer Andreas Kurbos. Ein jedes seiner Projekte beginnt mit einem leeren Blatt und einer klaren Mission. Sauber formulierte Ziele bilden die Basis, deshalb bringt er die Zielsetzung gemeinsam mit dem Kunden exakt auf den Punkt, um darauf aufbauend starke Identitäten für die Zukunft zu schaffen. Im Laufe des Entwicklungsprozesses wächst die Vision, bis das Objekt sichtbar wird, Gefühle auslöst und die Interaktion erlebbar ist. Ein solches Design prägt Marken und Unternehmen dauerhaft.

In der Konzeptmodellierung sind Formgefühl, Designverständnis und langjährige Erfahrung in CAS essenziell.

DATEN UND FAKTEN

PRODUKTE
Full-Service-Designleistungen
mit Schwerpunkt
auf Automotive

STANDORTE
Stuttgart, Shanghai

GRÜNDER
Andreas Kurbos
(2013, Stuttgart)

INHABER
Andreas Kurbos

MITARBEITER
35 in Deutschland,
15 in China (2022)

VERTRIEB
Europa, Asien

WEBSITE
kurbos.com

studiokurbos

Von der Strategie und den ersten Skizzen bis zu Show-Cars und Prototypen für die Automobilindustrie: studiokurbos bietet zukunftsorientierte Designentwicklungen als Full Service an. Zu den Auftraggebern zählen Unternehmen aus der Automotive-Branche ebenso wie Technologiekonzerne, Mittelständler und Start-ups. Neben Mobilitätsdesign bietet studiokurbos Produktdesign, User Interface sowie User Experience Design an.

Im Zuge neuer Technologien werden Designentwicklungen immer komplexer. Mit der Wahl von Materialien und Farben allein ist es nicht mehr getan. Heute werden erweiterte Kenntnisse vorausgesetzt, etwa wenn es darum geht, im Interieur eines Fahrzeugs Materialien zu nutzen, die eine selbst desinfizierende Wirkung haben. Das Expertenteam betreut und berät seine Kunden während des gesamten Entwicklungsprozesses, sei es zum Thema Nachhaltigkeit, Digitalisierung, Oberflächendesign oder Virtual Reality.

Andreas Kurbos gründete das Studio 2013, der Firmenname ist von seinem Namen abgeleitet. Bereits vier Jahre später kamen die ersten chinesischen Kunden auf studiokurbos zu, viele wegweisende Projekte entstanden. 2021 erhielten die Gestalter zahlreiche Designpreise und Auszeichnungen; unter anderem kürte sie der Rat für Formgebung zum „Team of the year '21".

Die Arbeitsweise der Stuttgarter Designer wird immer individueller und agiler. In enger Zusammenarbeit mit dem Designstudio in Shanghai, das während der Pandemie gegründet wurde, bedient es ein noch breiteres Kundenfeld. „Die wirtschaftliche Situation in der Pandemie hat uns dazu bewegt, umzudenken und Platz für neue Strukturen zu schaffen", erklärt Andreas Kurbos. „Das Ergebnis ist ein Team, das seinen Teamgeist nicht nur beibehalten, sondern weiter stärken konnte, neue großartige Projekte, die unsere Designer in motivierender Weise fordern, und eine Verschiebung der Flexibilität in jeglicher Hinsicht." 2023 feiert studiokurbos sein zehnjähriges Jubiläum.

Zur Realisierung der Ideen arbeiten die Designteams mit unterschiedlichen Modellbau-Partnern zusammen.

> Resilienz ist eine gefragte Stärke, wenn insbesondere externe Faktoren die Stabilität und Planbarkeit erschüttern.
>
> — LUTZ DIETZOLD

BYOK

DESIGNORIENTIERTE
WOHN- UND OBJEKTLEUCHTEN-
HERSTELLUNG

Mit Mut und Anpassungsfähigkeit entwickelt BYOK seit fast 25 Jahren zeitlose, hochwertige, schlichte, wohlproportionierte, spannende Produktlösungen – die auch auf den zweiten Blick interessante Details offenbaren.

Mit der Gründung des nach ihnen benannten Unternehmens haben Kai und Catrin Byok im Jahr 1996 sprichwörtlich aus der Not eine Tugend gemacht: Nachdem ein von ihnen erstellter Designvorschlag von einem Leuchtenhersteller abgelehnt worden war, entschieden der Produktdesigner und die Innenarchitektin, ihr berufliches Schicksal in die eigenen Hände zu nehmen.

Seither entwickelt das Paar mit seinem Team vor allen Dingen Wohnraumleuchten und Lichtlösungen für den Objekt- und Büroeinsatz. Das BYOK-Design zeichnet sich dabei durch zeitlose Eleganz und eine einzigartige Verbindung von Form und Licht aus.

In den ersten Jahren nach seiner Gründung konzentrierte sich das junge Unternehmen auf den Vertrieb über den exklusiven Einzelhandel. Schnell gelang es jedoch, auch namhafte Auftraggeber zu gewinnen. Mit Architekturaufträgen von Kunden wie BMW, Porsche, der Deutschen Bank, Kühne+Nagel, Rolex, Tesa, Festo und zahlreichen anderen konnte BYOK die wirtschaftlichen Ergebnisse der ersten Jahre rasant um ein Vielfaches übertreffen.

Im Kundenauftrag entwickelt BYOK Lichtlösungen für den exklusiven Villenausbau, für Bürogebäude, Hochhausfassaden und komplette Einkaufszentren. Mit Leuchtprodukten für den Innenbereich, wie der Bürostehleuchte „Grado", hat BYOK seither zahlreiche Designpreise gewonnen, vom Aluminium-Award bis hin zum Bundesdesignpreis.

Neben dem Fokus auf Leuchtprodukte und Lichtlösungen versteht es BYOK dabei, sich verändernden Marktbedingungen anzupassen, und erweitert sein Portfolio um weitere lösungsorientierte Produkte, wie zum Beispiel Luftentkeimungsgeräte für die Architektur- und Bürointegration mit hochwertigem Designanspruch. Dabei kombiniert BYOK bevorzugt Licht mit anderen Gewerken und entwickelte so beispielsweise einen komplett rollbaren Pausenraum für den Automobilhersteller Porsche in Leipzig. BYOK setzt auf eine Kombination aus Eigenproduktion und projektbezogenen regionalen Zulieferern. Mit dieser Strategie gelingt es BYOK, ohne wirtschaftliche Zwänge Kunden individuell zu betreuen.

Nachdem sich in den letzten Jahren auch das Luxussegment als wichtiger Kundenkreis zunehmend wandelt, versteht es BYOK, die Unternehmensstrategie veränderten Bedingungen anzupassen und das Unternehmen und sein Angebot zu Themen wie Nachhaltigkeit, Gesundheit und Achtsamkeit zu positionieren. Darüber hinaus hat BYOK auch seine Vertriebsstruktur überdacht und setzt verstärkt auf eine Direct-to-Consumer-Strategie.

DATEN UND FAKTEN

PRODUKTE
Wohnraumleuchten und Lichtlösungen für den Objekt- und Büroeinsatz, Sonderlichtlösungen, Sonderleuchten, Sonderproduktlösungen, Lichtplanung

STANDORT
Rellingen bei Hamburg

GRÜNDER
Kai und Catrin Byok (1996)

INHABER
Kai und Catrin Byok

MITARBEITER
26

VERTRIEB
Direktvertrieb, Deutschland, Niderlande, Belgien, Schweiz, Österreich

WEBSITE
byok.lighting.com

BYOK

Beatthechamp Flowarena

DESIGNKICKER

Wie ein modernes Möbelstück aus den 1970er-Jahren sieht der Flowarena-Designkicker aus. Er besteht aus hochwertigen Materialien und kann bis ins Detail individuell gestaltet werden.

Tischfußball-Weltmeister Chris Marks ist der einzige deutsche Nationalspieler, der beim Gewinn aller bisherigen World-Cup-Medaillen dieser Sportart dabei war. Er ist Gründer der Eventagentur „Beat the Champ" aus dem hessischen Nidderau und hat den Flowarena-Designkicker mitentworfen, der die Funktionalität eines Kickertischs mit der Optik eines edlen Möbelstücks verbindet. Jedes Exemplar wird bis ins kleinste Detail nach den individuellen Wünschen der Kunden gefertigt und ist somit ein echtes Unikat.

Durch seine kubische Form mit den abgerundeten Ecken erinnert der Designkicker an moderne Möbel der 1970er-Jahre. Er steht auf einem justierbaren Sockel aus Edelstahl und hat einen Korpus aus gebeiztem Massivholz. Dessen Oberfläche kann furniert oder in Farben aus der RAL-Skala lackiert werden und lässt sich mit Leder, Metall oder Kunstfell variieren. Die Wahl des Materials bestimmt den Look des Kickertischs, von klassisch-edel bis zu futuristisch-extravagant. Jeder Flowarena-Kicker wird von erfahrenen Schreinern aus dem Frankenland in rund 150 Arbeitsstunden von Hand gefertigt. Weil Marks' Qualitätsanspruch sehr hoch ist, setzt er auf handwerkliches Know-how aus Deutschland und verwendet für seine Produktion ausschließlich hochwertige Materialien in umweltfreundlichen Fertigungsverfahren.

Der Flowarena hat – wie die anderen vier patentierten Kicker von Chris Marks – Turnierqualität. Zur Standardausrüstung gehören unter anderem ein matt lackierter Korpus, höhenverstellbare Sockelfüße, ein flächenbündiger Torzähler aus Edelstahl sowie ein weißes Spielfeld mit Linien im Digitaldruck. Je nach Aufstellungsort kann der Designkicker mit verschiedenen Features wie LED-Beleuchtung, einem Soundsystem für MP3-Player, einem TV-Modul oder einem Spielfeld mit individuellem Design, wie etwa einem Firmenlogo, ausgestattet werden. Er eignet sich als optisches Highlight in Bars und Hotels ebenso wie für Agenturen, Shops, Clubs oder Events.

Die Erfahrung aus 25 Jahren im Tischfußballsport fließt in die Gestaltung mit ein, wenn Chris Marks seine Kickermodelle entwickelt. Als wichtigstes Produkt seiner Firma „Beat the Champ" nennt er den Kicker „The Champ". Mit seinen selbst entworfenen Spieltischen organisiert er Messeauftritte, Kick-off-Veranstaltungen, Kunden-Events oder Teambuilding-Maßnahmen für Unternehmen. In seiner Freizeit engagiert sich Chris Marks als „Laureus-Botschafter" mit sozialen Sportprogrammen für Kinder und Jugendliche.

DATEN UND FAKTEN

PRODUKTE
Designkicker

STANDORT
Nidderau

GRÜNDER
Chris Marks (2001, Beat the Champ, Nidderau)

INHABER
Chris Marks

MITARBEITER
7 (Kooperationspartner im Ausland, 2022)

VERTRIEB
weltweit

WEBSITE
beatthechamp.de

in medias rees

BRANDS & COMMUNICATION
DESIGN, ADVERTISING

Die Stuttgarter Werbeagentur in medias rees geht dem USP ihrer Kunden auf den Grund. So entstehen einzigartige Markenauftritte, die beeindrucken, Geschichten erzählen und Erfolg haben.

Wie bringt man Marken zum Blühen? Mit viel Engagement, Leidenschaft und Kompetenz – die Stuttgarter Werbeagentur in medias rees liefert kreative Lösungen, die Marken und Produkte am Markt unverwechselbar und dadurch erfolgreicher machen. „Unser USP ist, den USP unserer Kunden zu finden", erklärt Simone Rees, Gründerin und Inhaberin der Agentur. Erst dann wird ein individuelles Konzept zum Aufbau und zur Pflege der Marke erarbeitet. „Wir nehmen den Kunden ernst, hören ihm zu, rücken ihn ins beste Licht – und machen ihn einzigartig im Wettbewerb."

Am Anfang eines jeden Projekts steht immer eine starke Idee, die visuell anspruchsvoll und inhaltlich intelligent umgesetzt wird. Der Erfolg einer Marke sei untrennbar mit Ästhetik verbunden, ist sich die Designerin sicher. „Gutes Design berücksichtigt diesen Aspekt und verhindert, dass Schönheit zur reinen Dekoration wird. Ästhetik kommuniziert ebenso viel über ein Unternehmen wie Zahlen und Fakten. Sie spricht unsere Sinne an, weckt Emotionen, erzählt Geschichten, bleibt in unserem Bewusstsein und sorgt für die positive Aufladung einer Marke." Durch neue Technologien und die digitale Transformation unterliegt das Markendesign einem permanenten Wandlungsprozess. Simone Rees sieht das als Chance. So wird der viel zitierte Gestaltungsleitsatz der Moderne „form follows function" für sie zu einem zeitgemäßen „beauty follows usability".

Der Agenturname in medias rees beruht auf einem Wortspiel. Durch den Nachnamen der Gründerin wurde die lateinische Redewendung, die „mitten in die Dinge hinein" bedeutet, um ein „e" erweitert. „Wir gehen den Dingen gern auf den Grund und lassen nicht locker, bis wir die Spreu vom Weizen getrennt haben. Deshalb nehmen wir uns viel Zeit für Grundlagenforschung", betont Simone Rees. „Wie bei einer Zwiebel lösen wir Schicht für Schicht bis zum Kern, um herauszufinden, was die Besonderheit unserer Kunden ausmacht. Die Blumenzwiebel ist Bestandteil unseres Logos, weil wir davon überzeugt sind, dass jeder Kunde seinen USP bereits in sich trägt und man ihn nur sichtbar machen muss."

Ein flexibles Netzwerk aus erfahrenen Spezialisten ermöglicht es der Agentur, kreative Kommunikationskonzepte und Imagekampagnen in allen Bereichen und für alle Kanäle umzusetzen. Zu ihren Kunden gehören designaffine Unternehmen, von der Manufaktur bis zur städtischen Bildungseinrichtung. Eine intensive Auseinandersetzung mit Zeitgeist, Gesellschaft und kulturellen Strömungen fließt stets in die Gestaltung ein. Diese ganzheitliche Arbeitsweise wurde mit namhaften Designpreisen ausgezeichnet. Im Jahr 2022 erhielt in medias rees den German Design Award für ihr innovatives Verpackungskonzept einer neuen Demeter Bio-Eissorte im Auftrag der Speiseeismanufaktur Martosca. „Jeder Markenauftritt sieht bei uns völlig anders aus – und trotzdem ist unsere Handschrift immer erkennbar", sagt Simone Rees.

DATEN UND FAKTEN

PRODUKTE
Brands & Communication Design, Advertising

STANDORT
Stuttgart

GRÜNDERIN
Simone Rees
(2002, Stuttgart)

INHABERIN
Simone Rees

MITARBEITER
2

VERTRIEB
Deutschland

WEBSITE
inmediasrees.de

Frescolori

MINERALISCHE SPACHTELMASSEN

Wand, Boden und Bad in edlem Look: Das Programm der Bocholter Marke Frescolori umfasst Spachtelmassen auf Basis von Mineralien, die sehr hochwertig und widerstandsfähig sind.

Mit konventionellen Spachtelmassen aus Italien war der Malermeister Frank Ewering nicht zufrieden, deshalb entwickelte er vor über 25 Jahren sein eigenes Rezept auf mineralischer Basis. Entstanden ist das Produkt „Frescolori", eine Kombination aus den italienischen Wörtern „fresco" für frisch und „colore" für Farbe. Als Malermeister in dritter Generation machte er sich mit seiner unverwechselbaren Grundmischung, die italienisches Wohngefühl mit deutscher Perfektion in Einklang bringt, selbstständig. Die Produkte der Marke Frescolori enthalten fast ausschließlich natürliche Substanzen, die sich während eines viertägigen Reifeprozesses harmonisch miteinander verbinden; die genaue Rezeptur wird natürlich geheim gehalten…

Heute hat das inhabergeführte Unternehmen aus dem münsterländischen Bocholt diverse Produkte im Programm. „Caramor" ist das einzigartige Basisprodukt: Es besteht zu über 96 Prozent aus natürlichen Inhaltsstoffen, ist atmungsaktiv und verbessert das Raumklima. Die Oberfläche „Struktur" besitzt den Vorteil, dass Flecken mit einem Schleifpad mühelos weggeschliffen werden können. Die Rezeptur besteht aus Kalk-Substanzen in Verbindung mit einer Messerspitze Kunststoff. Kalk verleiht den Oberflächen ein natürliches Aussehen, im Gegensatz zu Zement und Gips. Im Vergleich zu Lehm ist das Kalkprodukt hart und widerstandsfähig. Mit „Puramente" können Bäder ohne Fugen gestaltet werden, selbst auf bereits verlegten Fliesen. Für einen fugenlosen Boden mit edlem Look wurde „Maranzo" entwickelt. Diese spezielle Masse bewährt sich bereits in stark frequentierten Bereichen wie Bahnhof-Malls oder Hotels. Und der gespachtelte Sicht-Beton „Frescoton" ist ein vielfach prämierter Designklassiker.

Auch ungewöhnliche kreative Lösungen wie metallische Oberflächen lassen sich dank der Produktauswahl realisieren. Genutzt werden solche Lösungen von Architekten, Innenarchitekten und Designern ebenso wie von Malern, Lackierern für Endkunden. Die Verarbeitung erfolgt ausschließlich durch zertifizierte Verarbeiter, die zuvor ein Training bei Frescolori absolviert haben. Der sogenannte Kalkkreislauf veranschaulicht den Ablauf der Anwendung: Nachdem der abgebaute Kalkstein gebrannt ist, wird er gelöscht und als neues Produkt aufgetragen. Beim Trocknen transformiert er wieder zu Kalkstein und ist daher besonders widerstandsfertig. Damit weniger Reste entstehen, die entsorgt werden müssen, werden auch kleine Gebinde angeboten.

In rund 30 Jahren hat sich Frescolori vom Ein-Mann-Malerbetrieb zu einer Manufaktur mit 40 Mitarbeitern für hochwertige und kreative Oberflächenbeschichtungen gewandelt. Das Unternehmen erneuert seine Strukturen und transformiert seine Prozesse stetig, um stark am Markt aufzutreten. Die zweite Generation arbeitet bereits mit und entwickelt neue Ideen wie eine Möbelkollektion mit Oberflächen von Frescolori. Zu den Referenzen des Familienunternehmens zählen imposante Projekte wie zum Beispiel eine 30.000 Quadratmeter große Wandgestaltung in einem Bankgebäude in Frankfurt am Main.

DATEN UND FAKTEN

PRODUKTE
mineralische Spachtelmassen

STANDORT
Bocholt, Münsterland

GRÜNDER
Frank Ewering (1993, Bocholt)

INHABER
Familie Ewering

MITARBEITER
40 (2022)

VERTRIEB
weltweit; Distributoren für Niederlande, Frankreich, Schweiz und Taiwan

WEBSITE
frescolori.de

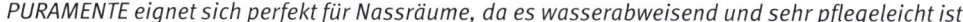

PURAMENTE eignet sich perfekt für Nassräume, da es wasserabweisend und sehr pflegeleicht ist.

bk Group AG

DER EXPERTE FÜR LADENBAU UND TECHNISCHES FACILITY MANAGEMENT GESTALTET MIT DER BK WORLD DIE ZUKUNFT DER MOBILITÄT.

Was wäre, wenn Kunden sämtliche Gewerke für den Ausbau und die Betreuung ihres Objekts aus einer Hand bekämen? Und sich dadurch voll und ganz auf ihr Kerngeschäft konzentrieren könnten? Diese Idee von Gerold Wolfarth war die Initialzündung für die 1999 erfolgte Gründung der bk Group und ist bis heute die Basis des Geschäftsmodells.

bk steht für baukreativ. So hieß das Unternehmen in seiner ursprünglichen Form. Die bk Group entwickelt und realisiert nachhaltige und innovative Innenausbau-Projekte und bietet die Planung, den Bau und die Betreuung von Retail-Stores, Autohäusern oder Fitnessstudios der Kunden in ganz Europa an. Dabei kommen alle Gewerke aus einer Hand. Zum Kundenstamm der bk Group zählen internationale Brands wie Rituals, Prada, Guess, Hunkemöller, Swarovski, Hermès, und viele mehr.

Aus einem Start-up wurde schnell der führende Generalunternehmer für Objektausbau und Facility Management. Aufgrund des starken Wachstums und der Diversifizierung des Unternehmens entstand die bk Group AG als Dachgesellschaft.

Der Lockdown im Jahr 2020 nahm der Unternehmensgruppe zu 100 Prozent die Arbeitsgrundlage. Daraufhin entschloss sich die Geschäftsführung neue Wege zu gehen, um das Unternehmen weiterhin zukunftsfähig zu machen. So entstand das Konzept der bk World. Als Weltpremiere wurde am 03. Juni 2022 in Kooperation mit TESLA die erste Tankstelle der Zukunft im bayerischen Endsee eröffnet.

Diese nachhaltigen Aufenthalts-Lounges an Elektroautoladeparks bestehen aus hyperflexiblen Raumelementen aus massivem Fichtenholz, die klimapositiv sind. Als modulares System können sie mit Ladeparks mitwachsen. Sie lassen sich flexibel auf- und abbauen oder transportieren und benötigen nur Wasser-, Abwasser- und Stromanschluss. Dadurch können sie an bisher unerschlossenen Orten platziert werden. Ein schnellerer Ausbau des Elektroauto-Ladenetzes wird aktiv unterstützt.

In den sogenannten Qubes wird die Wartezeit für Fahrerinnen und Fahrer von Elektroautos zur Quality Time: Aufenthaltslounge, moderne Sanitäranlagen, Offices, Kinderspielecke, gesunde Speisen und Getränke sowie eine Anbindung an den bk World Onlineshop, in welchem regionale Händler ihre Produkte zum Verkauf anbieten. Mit diesem tiefgreifenden Nachhaltigkeitsansatz sowie diesem vielfältigen Angebot ist die bk World weltweit einzigartig.

Das Design ist modern und gemütlich, die futuristische Form zieht sofort die Blicke auf sich. Effizienteste Bauweise vereint extrem viele Angebote auf vergleichsweise geringer Fläche.

In den kommenden fünf Jahren plant das Unternehmen 300 weitere Standorte in Europa für verschiedene Ladeparkbetreiber und gestaltet damit aktiv einen echten Trend, welcher das Unternehmen sicher in die Zukunft führt.

DATEN UND FAKTEN

PRODUKTE
Planung, Bau und Betreuung von Retail-Stores

STANDORTE
Hauptsitz in Endsee, Bayern. Niederlassungen in Berlin und Düsseldorf. Offices in Paris, London, Stockholm, Budapest, Mailand und Barcelona.

GRÜNDER
Gerold Wolfarth
(Gründer und CEO seit 1999),
Managing Director ist Marc Arnold.

INHABER
Gerold Wolfarth

MITARBEITER
250 (2022)

VERTRIEB
Europaweit mit einem Mitarbeiternetz aus fest angestellten Servicetechnikern in den verschiedenen Ländern

WEBSITE
bk-group.eu

Credit: bk World Holding GmbH

VOLA

SANITÄR

Seit 1968 setzt VOLA Trends bei Armaturen und Accessoires für Sanitär und Küche. Dabei behauptet sich VOLA als moderne internationale Marke mit traditionellen Werten.

VOLA – 50 YEARS AND BEYOND

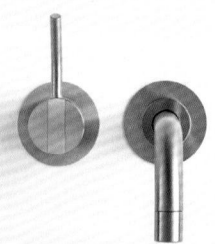
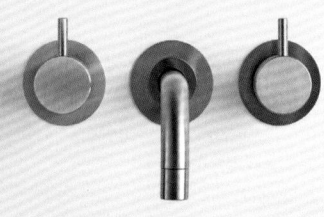
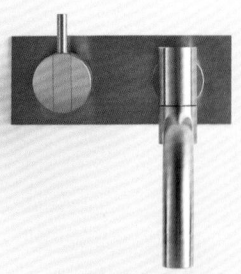
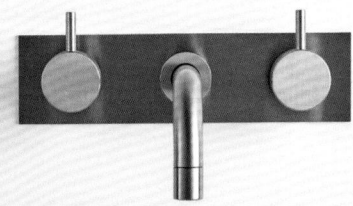

Das modulare VOLA Baukastensystem

Wo Design auf unverzichtbare Alltagsgegenstände trifft, erweist sich die Kombination aus praktischem Nutzen und Gestaltung als besonders beachtenswert. Sanitärobjekte in Bad und Küche erfüllen in erster Linie eine praktische Funktion; das Produktdesign trägt dabei maßgeblich zur Funktionalität und Bedienkomfort bei, ist aber gleichzeitig ein wichtiges Element des dekorativen und damit emotionalen Mehrwerts.

Mit unverändert klassischem Design setzt die dänische Marke VOLA seit mehr als 50 Jahren Standards im Bereich des Sanitärdesigns. Die Waschtischarmatur HV1 und der Einhebelmischer KV1 gelten schon heute als zeitlose Designklassiker. Ihrer geradezu ikonischen Form verdankt die KV1 nicht zuletzt die Aufnahme in die Designsammlung des MoMA in New York sowie zahlreiche weitere Designpreise.

Dabei achteten Firmengründer Verner Overgaard und Designer Arne Jacobsen schon zu Beginn ihrer Zusammenarbeit nicht nur auf Optik, sondern kombinierten das bis heute für VOLA charakteristische puristische Design mit innovativer Sanitärtechnik. So gelang es Jacobsen und Overgaard mit dem Modell VOLA 111, im Rahmen einer Ausschreibung der Dänischen Nationalbank die weltweit erste Unterputzarmatur zu entwickeln und damit wiederum einen Trend anzustoßen, der sich bis heute in Bädern rund um den Globus erfolgreich durchgesetzt hat.

An die Erfolge der ersten Jahre hat das Unternehmen nahtlos mit einer kontinuierlichen Erweiterung des Angebots angeknüpft. Dabei setzt VOLA, das bis heute ausschließlich in Dänemark produziert, immer wieder neue Trends, etwa durch Materialvielfalt und Farbgebung. So brachte VOLA als erstes Unternehmen weltweit Farbe in Badezimmer und Küche und bietet seine Armaturen heute in verschiedenen Oberflächen und Farben an.

VOLA-Armaturen finden sich heute überall auf der Welt, nicht nur in privaten Bädern und Küchen, sondern auch in Hotels, auf Flughäfen oder in Kultureinrichtungen. Dabei überzeugt VOLA nicht nur in puncto Design: Von Anfang an setzte das Unternehmen auch konsequent auf modernste Technik und Haltbarkeit. VOLA-Armaturen können nach einem grundlegenden Baukastenprinzip aus einzelnen Komponenten individuell zusammengestellt werden. In Kombination mit der Farbvielfalt ermöglicht dies dem privaten wie gewerblichen Kunden eine individuelle Anpassung des Designs. Das modulare Designsystem kombiniert unterschiedliche Armaturen mit Betätigungshebeln, Abdeckplatten und Ausläufen. Neben diesen immensen Auswahlmöglichkeiten bietet das modulare System auch klare Vorteile im Bereich der Instandhaltung: Durch den Austausch einzelner Komponenten sind VOLA-Armaturen unkompliziert zu reparieren und damit deutlich langlebiger als Standard-Armaturen.

So ist es VOLA gelungen, über die Jahrzehnte hinweg zu wachsen, sich kontinuierlich weiterzuentwickeln und trotzdem erfolgreiche Prinzipien zu bewahren.

DATEN UND FAKTEN

PRODUKTE
Armaturen und Accessoires für Sanitär und Küche

STANDORTE
Dänemark (Mutterhaus), Tochterfirmen weltweit

GRÜNDER
Verner Overgaard (1968, Horsens/Dänemark)

INHABER
Familie Overgaard

MITARBEITER
300 (2022)

VERTRIEB
Direktvertrieb, Vertrieb über Tochterfirmen und Handelsvertretungen

WEBSITE
vola.com

Links: Der Designklassiker, seit 1968 modern und wegweisend.
Rechts: VOLA Klassiker KV1 erstrahlt in der neuen PVD Farbe Gold.

markilux

MARKISEN

Seit über 50 Jahren entwickelt das moderne Familienunternehmen markilux aus dem münsterländischen Emsdetten hochwertige Sonnenschutzlösungen. Die Geschichte zeugt von Innovationsgeist, Wachstum und Engagement der Mitarbeitenden. Alle Produkte des Spezialisten für Designmarkisen bestechen durch Qualität und Langlebigkeit, optische Eleganz und einen hohen Nutzwert für anspruchsvolle Kunden verschiedenster Gewerbe in Deutschland sowie weltweit.

Die Produktpalette umfasst heute Terrassen-, Fenster- und Wintergartenmarkisen sowie frei stehende Sonnenschutzsysteme, außerdem große Markisenanlagen für weitläufige Gärten, Restaurants, Hotels, Gewerbe oder Cafés. Hinzu kommt eine von markilux selbst designte, exklusive Tuchkollektion, die am gleichen Standort in einem Schwesterbetrieb gewebt wird.

Neben hoher Qualität und stilvollem Design ist dem Unternehmen eine lange Lebensdauer der Markisen wichtig. Sie sind für eine kleine „Ewigkeit" gemacht und unterscheiden sich damit von den vielen kurzlebigen Artikeln der heutigen Zeit. Ebenso gibt es bei markilux keine Lagerproduktion – jede Markise ist ein Unikat, das auf Maß gefertigt wird; dementsprechend hat der Kunde viele Optionen, seinen Sonnen- und Wetterschutz individuell zu gestalten.

Ein wesentlicher Leitsatz von markilux lautet, Produkte immer weiter zu perfektionieren und jeder Markise ein unverwechselbares, markiluxtypisches Markenprofil zu geben, das Design und Technik, Ästhetik und innovative Funktion vereint.

Das Unternehmen beweist immer wieder Mut, Neues auszuprobieren. Man experimentiert seit jeher mit Materialien, Form und Funktion. So konnte man in der Branche immer wieder innovative Impulse setzen und im Markt eine Spitzenposition einnehmen. Das Ziel ist klar: Markisendesign zu schaffen, das genügend Potenzial besitzt, Designklassiker hervorzubringen.

Daher muss eine markilux-Markise der Ästhetik zeitgemäßer Architektur entsprechen und im besten Fall ein Glanzpunkt am Haus sein. Möglich machten dies das genaue Beobachten des Marktes, ein kreatives Entwicklerteam, Experimentieren mit spannenden Materialien und Oberflächen sowie die Motivation, Markisen in ihrer Form immer wieder neu zu interpretieren. Wichtig sind außerdem die Markisentücher, die als präsente und effektvolle textile Farbflächen das Gesamtbild einer Markise mitprägen und dabei zeitlos, aber auch trendy sein sollen. Die Optik der Markisen ist in sich schlüssig und auf Möbel, Gärten und Häuserstile abgestimmt.

Veränderungen als Chance: Im Zeitalter intelligenter Produktionsstätten hat auch markilux die digitalen Weichen gestellt. Viele Prozesse sind bereits computergesteuert. „Lebenslanges Lernen" und die ständige Bereitschaft, sich zu hinterfragen und zu verbessern, sind bei markilux ein weiterer Unternehmensleitsatz. Ein Programm vergütet die von Mitarbeitenden eingebrachten Ideen für die Abläufe in Produktion und Verwaltung.

Mit ihrer erfolgreichen Philosophie ist die Marke international bekannt geworden, erhielt zahlreiche Auszeichnungen und ist für zukünftige Herausforderungen bestens aufgestellt.

DATEN UND FAKTEN

PRODUKTE
Outdoor-Sonnenschutz

STANDORTE
Emsdetten (Produktionsstandort); Vertriebsstandorte als Tochtergesellschaften in Salzburg, Madrid, London, Schweiz, Frankreich und Italien; Beteiligungsgesellschaften in New York City und Sydney

GRÜNDER
Carl-Hinderich Schmitz (1972)

INHABER
Holding Schmitz-Werke GmbH + Co. KG

GESCHÄFTSFÜHRER
K. Wuchner und M. Gerling

MITARBEITER
Stammmitarbeiter/-innen: 350; Saisonmitarbeiter/-innen: ca. 150 pro Jahr

VERTRIEB
Privatkunden, Gastronomie, Hotellerie, Gewerbe in Deutschland und weltweit

WEBSITE
markilux.com

DIE BESTE UNTER DER SONNE. FÜR DEN SCHÖNSTEN SCHATTEN DER WELT

markilux-Markisen schaffen stilvolle Lebensräume für Terrassen und Gärten.

Mercedes-Benz Group AG

PREMIUM- UND LUXUS-PKW SOWIE VANS

Die Neuauflage einer Ikone: Der neue Luxus-Sportwagen des Mercedes-Benz Tochterunternehmens Mercedes-AMG schreibt die Legende der SL-Klasse weiter.

Vor rund 70 Jahren startete mit öffentlichen Versuchsfahrten die Geschichte eines Sportwagens, der sofort zur Legende wurde: der erste Mercedes Rennsportwagen der SL-Klasse, der zudem straßentauglich war. Durch seine Erfolge auf internationalen Rennstrecken wurde der SL (Kürzel für super-leicht) schnell zum Mythos. Dem erfolgreichen Rennwagen folgte 1954 der 300 SL Seriensportwagen mit seinen charakteristischen Flügeltüren. Ein weiteres Highlight der Modellgeschichte ist die „Pagode", die von 1963 bis 1971 gebaut wurde. Von Anbeginn bis heute wird die SL-Legende zeittypisch fortgeschrieben.

„Mit dem neuen Mercedes-AMG SL haben wir eine Repositionierung des ikonischen SL Designs geschaffen. Das expressiv modellierte Exterieur vermittelt einen leichten und puristischen Eindruck und bringt sinnliche Schönheit und extravagantes Design in einen perfekten Einklang", sagt Gorden Wagener, Chief Design Officer Mercedes-Benz Group AG.

Im Segment der Luxus-Sportwagen setzt der neue Mercedes-AMG SL durch sein aufregendes Design der Sinnlichen Klarheit mit modernster Technik und den herausragenden Fahreigenschaften Maßstäbe. Das Exterieurdesign fasziniert durch einen perfekten Dreiklang: Es kombiniert die moderne Mercedes-Benz Designphilosophie der Sinnlichen Klarheit mit der AMG-typischen Sportlichkeit und charakteristischen Details. Die beiden Powerdomes auf der Motorhaube sind nur eine von zahlreichen Reminiszenzen an die erste SL Generation. Das Wechselspiel von Licht und Schatten macht die Gesamtansicht optisch leicht. So wird auf den ersten Blick klar, dass der neue SL zu seinen sportlichen Wurzeln zurückgekehrt ist.

Das Interieur des neuen Mercedes-AMG SL transformiert die Tradition des ersten 300 SL Roadsters in modernes High-End Luxury Design. Edle Materialien, akribische Verarbeitung und die Liebe zum Detail unterstreichen zusätzlich den hohen Luxusanspruch im Innenraum. Die Cockpit-Gestaltung bis hin zum elektrisch verstellbaren Zentraldisplay in der Mittelkonsole ist auf den Fahrer fokussiert und überzeugt mit einem harmonischen Gesamteindruck. Das komplett neu gestaltete Maßkonzept mit 2+2 Sitzen bietet gleichzeitig mehr Funktion und Platz im Innenraum. Bei dem MBUX Infotainmentsystem stehen mehrere spezifische Anzeigestile und unterschiedliche Modi zur Auswahl.

DATEN UND FAKTEN

PRODUKTE
Premium- und Luxus-Pkw sowie Vans

STANDORT
Stuttgart, Zentrale

GRÜNDER
Gottlieb Daimler (1883, Stuttgart),
Carl Friedrich Benz (1886, Mannheim)

VORSTANDSVORSITZENDER
Ola Källenius

MITARBEITER
172.000 (2022)

VERTRIEB
weltweit

WEBSITE
mercedes-benz.com

Mercedes-Benz

rational einbauküchen

KÜCHENINDUSTRIE

Einzigartiges Küchendesign, das zu so viel mehr als nur zum Kochen inspiriert: rational kreiert Einbauküchen, deren Design und Funktionalität die Küche zu einem modernen und individuellen Lebensmittelpunkt machen.

Mit hochwertigen Premium-Einbauküchen für jeden Einrichtungsstil begeistert rational einbauküchen solutions seit fast sechs Jahrzehnten nicht nur ausgewiesene Hobbyköchinnen und Hobbyköche. Neben dem hohen Qualitätsstandard, der von der Stiftung Warentest bereits 1990 mit „gut" und „sehr gut" bewertet wurde, geht rational bewusst mit der Zeit und betrachtet die moderne Küche als multifunktionalen Raum. Deshalb gewinnt für Einbauküchen von rational der altbekannte Leitspruch „form follows function" zunehmend an Bedeutung, wenn es um die Kombination eleganten Designs mit innovativer und flexibler Funktionalität geht. Die Philosophie, eine Küche als mehr zu betrachten als einen Raum zum Kochen, dokumentiert rational einbauküchen solutions mit seiner Markenkampagne unter dem Slogan „rational – so viel mehr als Küche". Dabei integriert sind wichtige Zukunftsthemen wie Nachhaltigkeit und den Umwelt- und Klimaschutz. Dass sich das Unternehmen hierbei erkennbar vom Wettbewerb abhebt, belegt auch der German Brand Award, den rational, nach vorangehenden Auszeichnungen im Jahr 2018 und 2021, auch 2022 in Empfang nehmen durfte.

Multifunktionalität und verbraucherrelevante Themen wie Beständigkeit, Vertrauen, Sicherheit, Authentizität und Natürlichkeit haben für rational einbauküchen solutions den gleichen Stellenwert wie Fragen des zeitlosen Designs. Gemeinsam mit Designern wie dem vielfach ausgezeichneten „Popstar der Designwelt" Karim Rashid gestaltet rational Einbauküchen-Serien, die sich über Jahrzehnte behaupten konnten und trotzdem immer wieder den Geschmack der Zeit treffen. Eine wichtige Rolle spielt hierbei die Farbgebung. Seit 2022 ist rational einbauküchen solutions Mitglied im COLORNETWORK®. Das junge Hersteller-Netzwerk hat sich der Produkttransparenz verschrieben und bestimmt jährlich neben der „Sustained Color" einen neuen Farbverbund, der über Produktgrenzen hinweg in der Inneneinrichtung Orientierung und gestalterischen Freiraum bietet. Die Farbauswahl garantiert langfristige Attraktivität sowie dauerhafte Kombinationsmöglichkeiten und damit nachhaltigen Wert.

Die Identität der Marke rational einbauküchen solutions ist das Ergebnis vieler Jahre kontinuierlicher Weiterentwicklung. Dabei hat das Unternehmen immer wieder konsequent die eigene Strategie überdacht und an die jeweiligen Anforderungen des Marktes angepasst, um langfristig fit für die Märkte der Zukunft zu bleiben.

DATEN UND FAKTEN

PRODUKTE
individuelle Einbauküchen

STANDORT
Melle, Niedersachsen

GRÜNDER
Walter Fischer (1963, Melle)

INHABER
seit 2021 Teil der internationalen Bravat Gruppe

MITARBEITER
62 (2022)

VERTRIEB
über Küchenfachhändler weltweit

WEBSITE
rational.de

rational®

RATIONAL –
SO VIEL MEHR
ALS KÜCHE

Eine gut geführte Marke verkörpert die Erwartungen der Konsumentinnen und Konsumenten an das Unternehmen und seine Produkte, erleichtert die Orientierung am Markt und gibt ein Gefühl von Sicherheit und Stabilität.

Volkswagen ID.Buzz

Volkswagen

AUTOMOBILE

Volkswagen gehört zu den größten Autoherstellern der Welt und hat die deutsche Automobilgeschichte maßgeblich geprägt. Volkswagen hat das Thema Mobilität nie als Selbstzweck, sondern immer als Grundbedürfnis der Menschen und der Gesellschaft gesehen hat. Dieses Grundbedürfnis hat sich im Laufe der Zeit weiterentwickelt – und Volkswagen hat mit seinen Modellfamilien darauf Antworten gegeben.

Volkswagen Ikonen Käfer, Golf I, ID.3

M Der Käfer stand erstmals für die Massenmobilität und die Reisefreiheit für alle. Die Golf Familie, die für eine ganze Generation steht, ging ab 1974 den nächsten Schritt und machte erstmals neue Technologien für alle zugänglich. Sinnbildlich dafür kann man den Golf GTI sehen. Und jetzt bringt die ID. Familie erneut die richtige Antwort zur richtigen Zeit, sie läutet das Zeitalter der Elektromobilität und der Nachhaltigkeit ein.

Die Erfolgsgeschichte des Käfers begann 1938. Das sparsame und erschwingliche Modell mobilisierte und begeisterte die Massen und blieb über Jahrzehnte ein Verkaufsschlager und das meistverkaufte Auto der Welt, bis er diesen Titel 2002 an den Golf abgeben musste. Seinem freundlichen, einladenden und funktionalen Design blieb der Käfer über Jahre treu und reagierte sensibel auf gesellschaftliche und technische Entwicklungen. Allein durch geringfügige Änderungen im Design passte er sich innen wie außen dem Wandel des Zeitgeists sowie den Entwicklungen der Automobilbranche an.

Seit 1974 stellt der Volkswagen Golf mit seiner reduzierten Formgebung und klaren Ästhetik eine Innovation und die nächste große Ikone des Automobildesigns dar; so wurde etwa bei diesem Modell der Motor vom Heck in die Front verlegt. Der Golf steht für Sicherheit, Mobilität, Ernsthaftigkeit und Design für alle – und das mittlerweile in der achten Generation.

2019 fand der nächste große Paradigmenwechsel statt. Nachhaltigkeit, ein neues Bewusstsein für die Umwelt, das Leben und die Digitalisierung sind Themen, die den Volkswagen bewegen und verändern. Ein Ziel von Volkswagen ist nachhaltige E-Mobilität für alle. Der Leitsatz „Way to Zero" stellt die Umwelt hierbei in den Mittelpunkt des Handelns und beeinflusst das Design des Automobils nachhaltig.

Der ID.3 ist ein Teil der neuen ID. Familie und läutet das Zeitalter der Elektromobilität ein. So wie der erste Käfer und der Golf I steht der rein elektrisch angetriebene Kompakte für den Beginn einer Epoche. Die Gestaltungsprinzipien des elektrischen Volkswagens zeichnen sich durch eine neue Architektur, Intelligenz und das Erlebnis mit allen Sinnen aus.

Volkswagen ID.Buzz

Volkswagen Concept Car ID.AERO

Der ID. Buzz ist das neue Gesicht nachhaltiger Mobilität und bildet eine visuelle Klammer um zukunftsweisende Technologien und funktionelles Design. „Der T1 – eine Ikone der 1950er-Jahre – hat den Menschen Mobilität und Freiheit ermöglicht. Mit dem ID. Buzz übertragen wir diese T1-DNA in die heutige Zeit und damit in die Ära der Elektromobilität", skizziert Jozef Kabaň, Leiter Volkswagen Design. „Der ID. Buzz bringt viel Sympathie und die Nähe zum Menschen wieder zurück auf die Straße." Schon die Frontpartie mit V-Grafik, großem Logo und freundlichem Ausdruck zeigt, wie stark der ID. Buzz die Design-DNA des T1 aufgreift. „Wir haben ein Fahrzeuglayout mit einem logischen und intuitiven Innenraumkonzept und einer variablen Raumausnutzung entwickelt. Das Interieur wird zum digitalen Wohnzimmer oder Office – so, wie es unsere Kundinnen und Kunden von zu Hause kennen." Und so wie damals im T1 wird diese Philosophie in der geradlinigen Instrumententafel mit ihren ruhigen, übereinander angeordneten Elementen deutlich.

Dass es beim Design nicht mehr nur um Formen und Styling geht, zeigt der Anspruch des ID. Buzz an das Thema Nachhaltigkeit: „Wir müssen an der Gestaltung von Produkten arbeiten, die langlebig und nachhaltig sind und ein herausragendes Erlebnis für unsere Kunden bieten. Auf der Straße, aber auch darüber hinaus", sagt Jozef Kaban. Auf Leder und andere Materialien tierischen Ursprungs wird komplett verzichtet, sie werden durch Ersatzstoffe mit ähnlichen Eigenschaften und Haptik ersetzt. Bei Sitzbezügen, Bodenbelägen und dem Innenhimmel des ID. Buzz kommen unter anderem Rezyklate zum Einsatz.

Der ID. Buzz und die Pkw-Modelle der ID. Familie bereiten den Weg für die Strategie ACCELERATE der Marke Volkswagen und sorgen für zusätzlichen Schub bei der E-Mobilität, bei der Software und einen forcierten Wandel zum Tech-Unternehmen. Dafür steht auch die Transformation des Stammsitzes in Wolfsburg, wo rund zwei Milliarden Euro in eine neue Fertigung in unmittelbarer Nähe zum Stammwerk fließen.

Insgesamt will das Unternehmen bis 2026 mehr als 18 Milliarden Euro in Elektromobilität, Hybridisierung und Digitalisierung investieren, um Maßstäbe zu setzen, was faszinierende digitale Kundenerlebnisse, neue Geschäftsmodelle und autonomes Fahren in der Breite des Marktes betrifft. Die Vision: Volkswagen zur begehrenswertesten Marke für nachhaltige Mobilität zu machen.

DATEN UND FAKTEN

PRODUKTE
Automobile

STANDORTE
30 Standorte in 13 Ländern

MITARBEITER
180.000

VERTRIEB
über Automobilhändler weltweit

WEBSITE
volkswagen.de

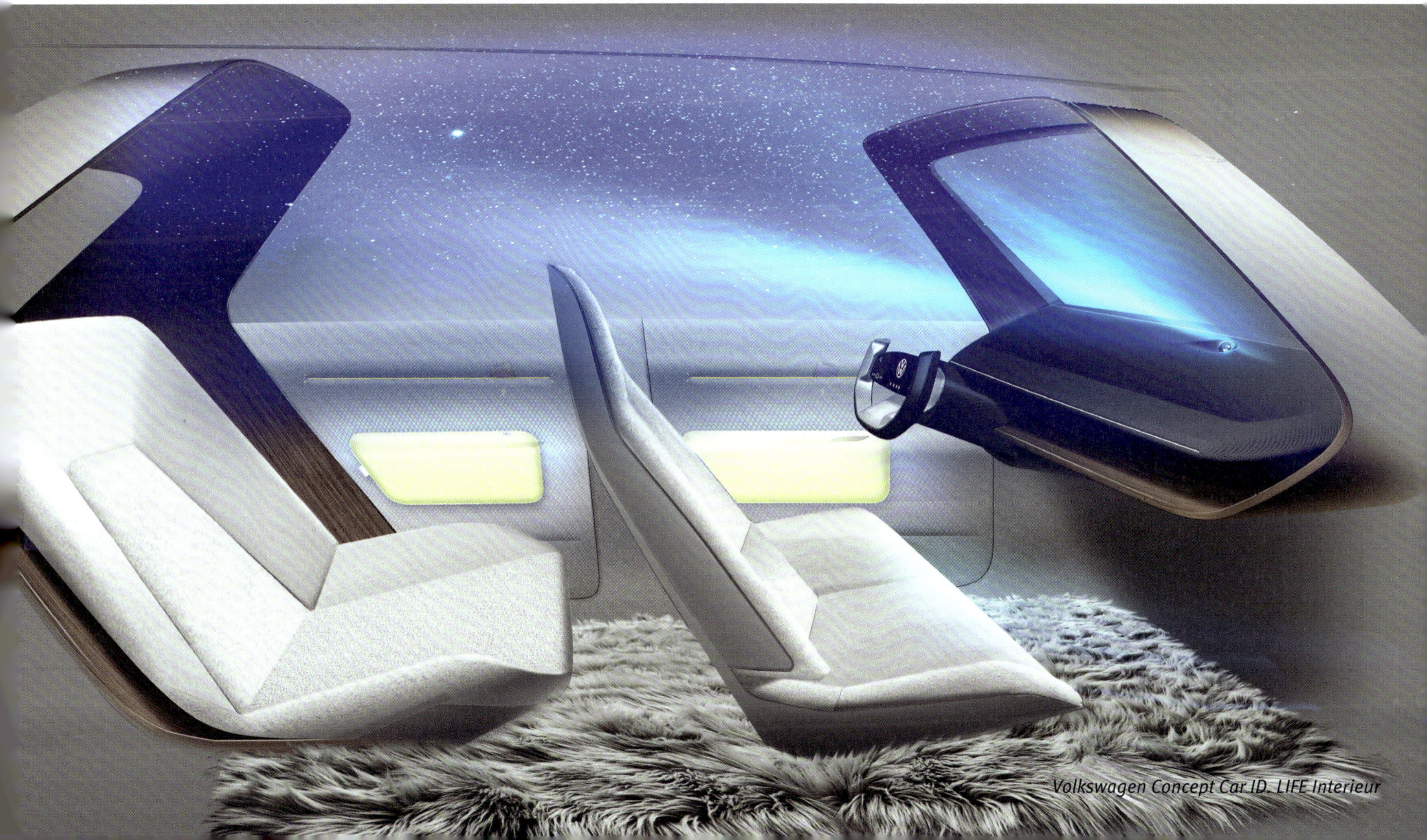

Volkswagen Concept Car ID. LIFE Interieur

KOTOAKI ASANO Architect & Associates

ARCHITEKTUR, DESIGN, KUNST

Der 1972 in Tokio geborene Kotoaki Asano möchte Orte kreieren, an denen Menschen zusammenkommen und sich entspannen können. Sein 2005 in Yokohama gegründetes Architekturbüro Asano Kotoaki plant Häuser und andere architektonische Projekte und entwirft Raumkunst und auch Möbel. Der Architekt und Künstler sagt über seine Arbeit: „I am designing a part of the skin of the earth." („Ich gestalte einen Teil unserer Erdoberfläche.")

CREATING POETIC SPATIALITY

Credits: Yukio Yoshimura

Yukio Yoshimura

Kotoaki Asano

Nach seinem Architekturstudium an der Ingenieursschule und dem 1997 abgeschlossenen Master an der University of Tokyo arbeitete er vor der Gründung seines eigenen Unternehmens von 1997 bis 2005 im Hiroshi Hara + Atelier Φ in Tokio. Sein eigenes Architekturbüro zählt einen Mitarbeiter – ihn selbst. Bei Projekten arbeitet er mit Experten verschiedener renommierter Baufirmen zusammen. Die Auftraggeber sind sowohl Privatpersonen als auch Kommunen oder Organisationen, beispielsweise eine christliche japanische Kirche.

Viele seiner Entwürfe richten sich nach den Anforderungen der Kunden sowie an den Gegebenheiten des Ortes aus; sich selbst eher einbringen kann Kotoaki Asano bei kleineren Gebäuden oder auch in seinen Kunstwerken. Die von ihm entworfenen Räume sollen individuell und sinnlich sein und eine räumliche Visualisierung erreichen, die über den Modernismus hinausgeht. Seine eigene Handschrift und Botschaft sollen dabei ebenfalls zum Ausdruck kommen. Vor allem jedoch versucht der Architekt, eine poetische Räumlichkeit zu kreieren. Dies erreicht er unter anderem durch leere Räume, die er in seine Entwürfe integriert und die für ihn etwas „Poetisches, Mehrdeutiges" sind.

Am Beispiel dreier Hauptwerke wird dieser poetische Charakter deutlich: „Three Cubes in the Forest", „Gradation in the Forest", „Metamorphosis in the Forest". Letzteres besteht aus den beiden Bereichen „Abstufung im Wald" und „Drei Würfel im Wald". „Abstufung im Wald" ist eine Sammlung kleiner Räume, bei „Drei Würfel im Wald" handelt es sich um Mikroarchitekturen mit verschiedenen Eigenschaften und Funktionen, die leicht mit einem Lkw zu transportieren sind. Bei dem Ensemble dringen Räume tief in den Wald ein, das Haus verschmilzt mit der Natur. Die drei Würfel wirken, als wären sie in den Wald gefallen, und erzeugen Neugier auf ihr Inneres, was wiederum einen spannenden Bezug zwischen dem Inneren und der Umgebung herstellt und eine besondere Wahrnehmung des Waldes bewirkt.

Kotoaki Asanos Architektur ist inspiriert von der Kunst und Holzarchitektur aus Europa und Japan. Er beschreibt das so: „In meinen Entwürfen von Gebäuden und Kunstwerken versuche ich, die Präsenz des Gebäudes abzuschwächen, wie bei der traditionellen Japanischen Architektur. Ich versuche, Architektur als etwas Vages – wie eine Wolke oder Nebel – zu betrachten, das mit der Umgebung verschmilzt."

Zahlreiche nationale wie internationale Preise zeichnen Kotoaki Asanos Werke aus. Bereits 2017 bekam er den iF Design Award in Hannover. Im Jahr 2019 erhielt er unter anderem den Architecture Master Prize 2019 in Los Angeles und war Innovative Architecture Winner der Iconic Awards des Rat für Formgebung. Im Folgejahr gewann er den German Design Award, den Asia Design Prize, den Outstanding Property Award London, den DNA Paris Design Award sowie den Grand Prize beim K-Design Award.

DATEN UND FAKTEN

PRODUKTE
Architekturdesign, räumliches Produktdesign, Raumkunst

STANDORT
Tokio und Yokohama (Japan)

GRÜNDER
Kotoaki Asano (2005)

INHABER
Kotoaki Asano

VERTRIEB
Japan und andere Länder

WEBSITE
kotoaki-asano.com

KOTOAKI ASANO
Architect & Associates

POINTtec Products Electronic GmbH

ARMBANDUHREN UND SCHMUCK

Das mittelständische Unternehmen POINTtec ist seit über 30 Jahren unabhängig und inhabergeführt. Mit jahrelanger Erfahrung, Pioniergeist und Innovationssinn werden hochqualitative Armbanduhren mit anspruchsvollem individuellem Design gefertigt. POINTtec-Uhren stehen für traditionelles Handwerk, lange Lebensdauer und ein optimales Preis-Leistungs-Verhältnis Made in Germany.

UHRMACHER-KUNST MADE IN GERMANY

Sämtliche Designs werden im Hause POINTtec entwickelt und die Uhren von hoch qualifiziertem Personal in Deutschland gefertigt, meist in der traditionsreichen Produktionsstätte in Ruhla im Thüringer Wald. Das Produktportfolio ist vielfältig: Automatikuhren im Einstiegspreisbereich, Uhren mit Solarantrieb, Smart Watches und zahlreiche klassische Serien von schlichter Eleganz.

Zwei Serien sind von der Luftfahrt inspiriert. Beispielsweise greifen die Zifferblätter der Kollektion IRON ANNIE die Wellblechstruktur der legendären Maschine Ju 52 auf und machen sie zu unverwechselbaren Fliegeruhren. Anlässlich des 100. ZEPPELIN-Geburtstags ließ POINTtec mit einer außergewöhnlichen Damenuhr Glanz und Glamour der goldenen 1920er-Jahre wieder aufleben. Wie die Zeppelin-Luftschiffe beeindrucken die Uhren dieser Kollektion durch technische Raffinesse und zeitlose Schönheit. Sportbegeisterte wiederum finden in der Serie kicker die passende Uhr für jeden Fußballmoment.

Markenübergreifend schon lange im Programm sind vom Bauhaus-Stil geprägte Uhren. Sie wurden im Auftrag in Ruhla gebaut – in einem 1929 nach Entwürfen des berühmten Jenaer Architekturbüros Schreiter & Schlag nach Bauhaus-Prinzipien errichteten Bau, der sich mittlerweile im Besitz von POINTtec befindet. „Bauhaus-Uhren aus unserem eigenen Bauhaus-Gebäude – die Geschichte um unsere Uhren ist damit um eine doch recht schillernde Facette reicher geworden", freut sich Unternehmensgründer Willi Birk.

Seit vielen Jahren fertigt das Unternehmen auch hochwertige Armbanduhren nach Kundenwunsch für renommierte Industriebetriebe, Filialisten, Händler und andere Abnehmer.

Neu ist die Serie Sustainable Planet Edition, die dem Projekt „Nachhaltigkeit" Rechnung trägt. Das Armband der Damenuhr Grace besteht aus veganem Leder, das zu 45 Prozent aus pflanzlichen Ölen synthetisiert wird. Das „Sustainable-Planet"-Programm soll innovativen Technologien, Produkten und Firmen zu mehr Sichtbarkeit verhelfen. Ebenfalls neu im Programm ist das POINTconnect smart band, ein digitales Uhrenband mit diversen Funktionen wie Benachrichtigungen, Activity Tracking, Health Monitoring, Navigation, Bluetooth und vielem mehr. Dieses Band kann zur persönlichen Lieblingsuhr getragen werden und vereint traditionelle Uhrenkunst mit digitaler Zukunft.

Als mittelständisches Unternehmen ist es für POINTtec wichtig, die neuen Trends der Zeit zu analysieren und das Unternehmen stetig weiterzuentwickeln. Das Thema „recreate. transform. be resilient." betrifft die Unternehmensausrichtung vieler Bereiche, von der Produktentwicklung bis hin zur Verkaufs- und IT-Strategie.

Der Name POINTtec bezieht sich übrigens auf den POINT (zu Deutsch: Punkt) und beschreibt das Motto des Unternehmens – Uhren auf den Punkt gebracht. Zahlreiche Auszeichnungen des German Brand Award und des German Design Award bestätigen das Designkonzept und die Firmenphilosophie.

DATEN UND FAKTEN

PRODUKTE
Armbanduhren

STANDORTE
Ismaning und Ruhla

GRÜNDER
Willi Birk,
(1987, Ismaning)

INHABER
Nathalie Birk und Willi Birk

MITARBEITER
ca. 50

VERTRIEB
in Deutschland eigene Vertriebsstruktur, Handelsvertreter, Einzelhandel, weltweit Distributoren in über 30 Ländern

WEBSITE
pointtec.de

Dallmer

ENTWÄSSERUNGSSYSTEME
FÜR HAUS, GARTEN UND GRUND

Als starke Marke für Entwässerungssysteme verbindet Dallmer den neuesten Stand der Technik mit wegweisendem Design und entwickelt das Thema Entwässerung kontinuierlich weiter.

Innovative Sanitärtechnik von Dallmer macht Entwässerung im Haus und auf dem Grundstück sicher und komfortabel. Bei der Produktentwicklung nimmt der Designgedanke einen hohen Stellenwert ein. Denn gutes Design bedeutet für den Hersteller aus dem nordrhein-westfälischen Arnsberg, technisches und gestalterisches Know-how mit anwenderorientierten Interessen zusammenzubringen. Um das zu erreichen, arbeitet man bei Dallmer erfolgreich in interdisziplinären Teams. Durch das unterschiedliche Fachwissen entstehen Lösungen, die aktuelle Standards und Gewohnheiten infrage stellen und neu interpretieren. Produkte mit ansprechenden Formen und technischen Details, die sich einfach montieren lassen und sämtliche Normen erfüllen.

Aus der Idee, die Duschrinne von der Ablauftechnik zu trennen, um bodengleiche Duschen flexibel und individuell zu gestalten, entstand das „DallFlex"-System zur Linienentwässerung. Sein Vorteil ist, dass verschiedene Duschrinnen aus Edelstahl auf ein und demselben Ablaufgehäuse aufbauen. Neben dem „DallFlex"-Ablaufgehäuse gehören neun Arten von Rinnen zum System, die unterschiedlichen Design- und Budgetvorstellungen entsprechen. Feine Konstruktionsdetails erleichtern die Reinigung, verbessern die Hygiene und optimieren die Entwässerung.

Am Standort im sauerländischen Arnsberg fertigt Dallmer seine Produkte sowie alle dazu nötigten Werkzeuge selbst. Um seinen hohen Anspruch an Qualität und Präzision zu erfüllen, entwickelt das Familienunternehmen eigene Verfahren und Technologien. Ziel der Produktentwicklungen ist es, Handwerkern die Arbeit beim Einbau so sicher und einfach wie möglich zu machen. Aus diesem Grund beschäftigt der Hersteller Fachleute aus verschiedenen handwerklichen Bereichen. Dieses Fachwissen trägt dazu bei, dass Dallmer heute eine der führenden Marken für Entwässerungssysteme ist.

Als Werkstatt für Gravur- und Formenbau gründete Johannes Dallmer sen. das Unternehmen im Jahr 1913. Sein Sohn Helmuth ergänzte die Produktion durch Maschinen für die Duroplast und Thermoplast-Verarbeitung. 1961 entsteht der erste Bodenablauf aus Kunststoff, zwei Jahre später wurde die Sanitärtechnik zum zentralen Geschäftsbereich. In dritter Generation übernahm der design- und technikbegeisterte Johannes Dallmer das Familienunternehmen. Unter seiner Leitung kam 2006 „CeraLine" auf den Markt, die erste Duschrinne von Dallmer zur Entwässerung bodengleicher Duschen im Bad. Heute führt Yvonne Dallmer die Firma in vierter Generation. Mehr denn je steht Dallmer für innovatives, prämiertes Design und entwickelt sich zur „Architektenmarke". Mit den aktuellen Systemfamilien zur Punkt- und Linienentwässerung,

DallDrain und DallFlex, setzt Dallmer Maßstäbe für barrierefreie Duschen und für viele weitere Entwässerungsbereiche im Haus.

Die Geschichte des Unternehmens ist vom fortlaufenden Wandel geprägt. Durch die Bereitschaft, Bekanntes infrage zu stellen und offen für Neues zu sein, ist es Dallmer immer wieder gelungen, Entwässerungstechnik zu entwickeln, die die Branche nachhaltig verändert hat. Design spielt dabei eine genauso wichtige Rolle wie die Technik.

DATEN UND FAKTEN

PRODUKTE
Entwässerungssysteme im Haus und auf dem Grundstück

STANDORT
Arnsberg

GRÜNDER
Johannes Dallmer sen.

INHABER
Familie in 3. und 4. Generation

MITARBEITER
233 (2022)

VERTRIEB
Europa, USA, Naher und Mittlerer Osten

WEBSITE
dallmer.de

DALLMER

Entwässerungstechnik von Dallmer ermöglicht grenzenlose Gestaltungsmöglichkeiten.

DALI

HIFI-LAUTSPRECHER

Die Lautsprechersysteme von DALI setzen höchste Maßstäbe für Produktentwicklung, Klanggenuss und Design. Das Flaggschiff des dänischen Unternehmens ist die High-End-Serie „KORE".

Eine Bildkomposition mit den DALI RUBICON LCR Lautsprechern für Surround-Sound.

DATEN UND FAKTEN

PRODUKTE
HiFi-Lautsprecher für Stereo, Heimkino und Smart Homes

STANDORTE
Dänemark, APAC-Staaten, Beneluxländer, Deutschland, Großbritannien

GRÜNDER
Peter Lyngdorf (1983, Nørager)

INHABER
dänisches Traditionsunternehmen in privater Hand

MITARBEITER
290 (2021)

VERTRIEB
weltweit in rund 70 Ländern

WEBSITE
dali-speakers.com

In Einklang mit der Firmenphilosophie lautet der Claim der Marke DALI „In admiration of music". Ziel des Unternehmens ist es, HiFi-Lautsprecher für Stereo, Heimkino und Smart Homes mit optimaler Klangwiedergabe zu entwickeln. Der Firmenname DALI steht als Abkürzung für „Danish Audiophile Loudspeaker Industries". Die Gestaltung der Lautsprechersysteme orientiert sich an typisch skandinavischem Design: funktionale Formen mit klaren Linien, natürlichen Farbkombinationen und harmonischem Materialmix.

Bei der Produktentwicklung ergänzen sich tiefgreifendes Know-how im Bereich Audiotechnologien und innovative Fertigungsmethoden. Zudem spielt das Thema Nachhaltigkeit für DALI eine immer bedeutendere Rolle. Alles zusammen macht den Erfolg des dänischen Traditionsunternehmens aus. Seine hochwertigen HiFi-Produkte erhielten bereits zahlreiche Auszeichnungen bei renommierten Wettbewerben wie dem EISA-Award der Expert Imaging and Sound Association. DALI tritt auch als Förderer von Musikern auf und ermöglicht ihnen auf diese Weise Tonträgerproduktionen auf hohem Klangniveau.

Als Hausmarke eines skandinavischen HiFi-Anbieters wurde DALI 1983 in Nørager, einem kleinen Ort im Norden Jütlands, von Peter Lyngdorf gegründet. Der HiFi-Enthusiast gilt bis heute als prägende Persönlichkeit in der dänischen Audioindustrie. Seit mehr als 20 Jahren entwickelt Lars Worre die Geschicke des Unternehmens weiter. DALI hat sich einen hervorragenden Namen bei qualitätsbewussten Klangliebhabern in der ganzen Welt gemacht und besitzt mehrere Patente im Bereich des Magnetantriebs. Entgegen dem Trend zum Outsourcing in Niedriglohnländer findet die Produktion der DALI Lautsprechersysteme überwiegend in Dänemark statt. Weitere Niederlassungen gibt es in Deutschland, Großbritannien, den Beneluxländern sowie im asia-pazifischen Raum.

In den letzten 10 Jahren fand ein großer Innovationsschub im Unternehmen statt: Produktionsprozesse wurden neu gedacht, mit veränderten Verfahren und Materialien an den dänischen Standort angepasst und trotz hoher Lohnstruktur profitabel gestaltet. Diese Vorgehensweise schafft nun Flexibilität, eine verbesserte Qualität der Produkte und einen deutlichen Wettbewerbsvorteil. Durch wegweisende Produkte für Endverbraucher und konsequente Markenbildung im Premiumsegment ist es DALI gelungen, sich aus der „Hausmarkenecke" heraus zu einem Lautsprecherhersteller zu entwickeln, dessen Portfolio das gesamte Spektrum abdeckt – vom Einstiegsprodukt bis zur HiFi-Anlage der Luxusklasse. Möglich wurde dies durch die gemeinsame Begeisterung der Belegschaft für musikalische Klangerlebnisse, die man bei der täglichen Arbeit im Unternehmen spürt.

Mit seinem luxuriösen Standlautsprecher „KORE" setzte DALI 2022 einen neuen Meilenstein in puncto Klangqualität und Design. Das High-End-Produkt ist das Flaggschiff jahrzehntelanger Technologie- und Produktentwicklung, deren Basis in den verschiedenen Lautsprecherserien des dänischen Herstellers zu finden ist.

Factor

KOMMUNIKATION

Erfolg hat viele Faktoren. Die strategische Markenagentur Factor betrachtet jeden einzelnen von ihnen unter den Gesichtspunkten, was er tut und wozu er gut ist. Stör-Faktoren werden beseitigt, Erfolgs-Faktoren analysiert und alles bis ins letzte Detail optimal gestaltet. Factor bezeichnet sein Metier als „Factorizing Brands".

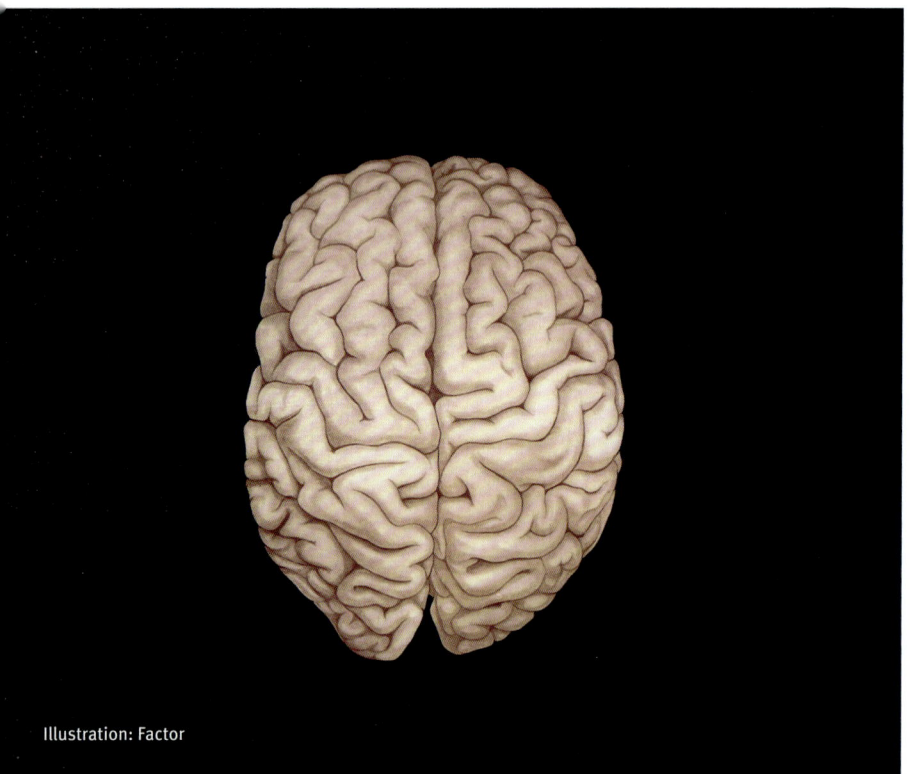

Illustration: Factor

Illustration: Sonja Stroth (Factor)

3D-Artist: David Glissmann

Credit: Thomas Steuer

Gegründet wurde Factor Design im Mai 1993 in Hamburg. Der Rufname der Firma für Kommunikationsdesign war von Beginn an Factor. Heute, 30 Jahre später, ist Factor ein erfolgreiches Unternehmen bei der strategischen Ausrichtung und Differenzierung von Marken mit vielfältigem Leistungsportfolio: Strategie, Branding, Digital, Campaigning und Packaging. Die Kunden gehören verschiedenen Branchen an: Ob Sitzmöbelhersteller, Glasfaserversorger oder ein Bankinstitut – jede Marke wird von Factor mit der selbst entwickelten Brand-Factorizer-Methode analysiert und neu positioniert.

Immer mit Blick auf die Stärken, das Potenzial sowie die Kunden einer Marke entwickelt Factor auf Basis der Methode „Brand Activation Map" Markenpositionierungen, um den Markterfolg eines Unternehmens zu optimieren.

Dabei ist es wichtig, die richtige Kommunikationsstrategie zu finden, um die überzeugendsten Inhalte in der geeignetsten Gestalt zu vermitteln. Factor findet die Kommunikationskanäle und Medien sowie das Branding für eine optimale Wirkung und entwickelt darüber hinaus Produktverpackungen für den stationären Handel und das digitale Regal.

So wurden zum Beispiel ein Rebranding für einen deutschen Glasfaserversorger im ländlichen Raum vorgenommen, das Design und die Kommunikation eines Tiroler Traditionsherstellers von Fleisch- und Wurstwaren überholt und das Markendesign samt Verpackungen für einen Hersteller von Sexual-Wellness-Produkten völlig neu entwickelt.

Idealerweise werden die Auftraggeber über viele Jahre hinweg von Factor begleitet, denn in schnelllebigen Zeiten wandeln sich Märkte und Kundenansprüche in kürzester Zeit.

Neben den Herausforderungen des Marktes beherrschen auch die Klimaziele des Klimaschutzprogramms 2030 die Zukunft vieler Unternehmen. Mit Factor hat man dafür einen erfahrenen Partner an seiner Seite: „Produkte, ihre Entwicklung und die Produktion müssen in großen Teilen ganz neu gedacht werden – Geschäftsmodelle werden sich verändern (müssen). Ein radikales Umdenken ist notwendig. Langjährig verfolgte Ziele – immer schneller, immer höher, immer weiter – werden an Bedeutung verlieren. Wir begleiten die anstehenden Veränderungsprozesse unserer Auftraggeber – wir machen eigentlich nichts anderes seit 30 Jahren – und werden dem Neugeschaffenen einen neuen Ausdruck verleihen."

Eine besondere Stärke von Factor: Man denkt vom Ergebnis her und erzielt auf diese Weise beste inhaltliche und visuelle Ergebnisse. Enge Zusammenarbeit mit den Auftraggebern, viel Kreativität und drei Jahrzehnte Erfahrung bilden eine starke Grundlage für weitere Jahrzehnte erfolgreicher Markenstrategien.

DATEN UND FAKTEN

PRODUKTE
Strategie, Branding, Digital, Campaigning, Packaging

STANDORTE
Hamburg, Innsbruck, Wien

MITGRÜNDER
Olaf Stein (1993)

INHABER
Mario Eckmaier, Axel Prey, Mareike Niggemann, Jörg Schweigert, Daniel Sorge und Olaf Stein

MITARBEITER
35+

VERTRIEB
DACH, Europa

WEBSITE
factor.partners.com

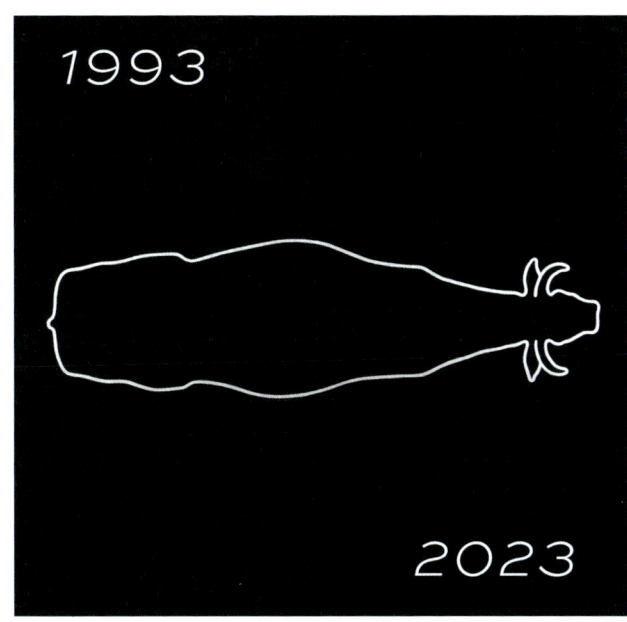

Credit: Rudi Schmutz Jr.

Dräger

MEDIZIN- UND SICHERHEITS-
TECHNIK

Dräger zählt zu den international führenden Unternehmen für Medizin- und Sicherheitstechnik. Das Lübecker Familienunternehmen in 5. Generation unterstützt mit seinen Produkten weltweit Lebensretter bei ihrer Arbeit und schützt den lebenswichtigen Atem – ob im OP, auf der Intensivstation, bei Einsätzen der Feuerwehr oder im Arbeitsalltag in der Industrie.

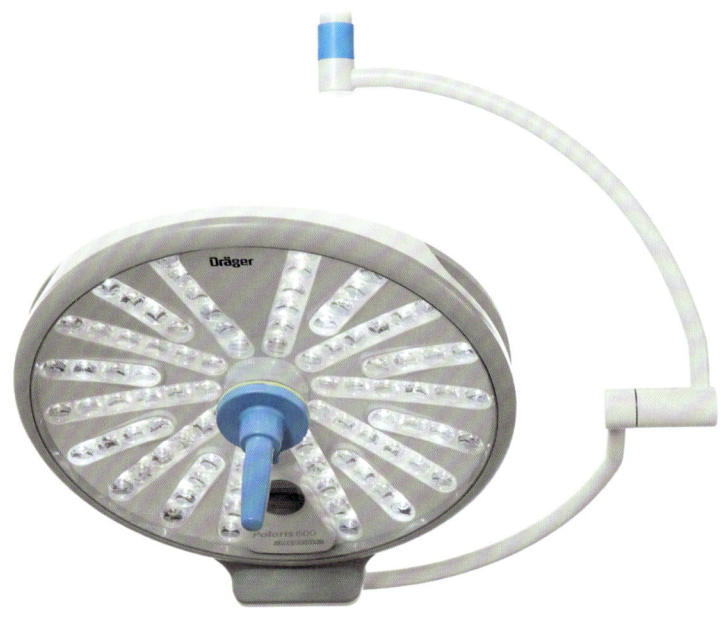

Das vielfältige Portfolio deckt mehrere Bereiche der Medizin- und Sicherheitstechnik ab. Im Krankenhaus kommen neben Anästhesie- und Beatmungsgeräten beispielsweise auch ein Patientendatenmanagement-System, medizinische Leuchten oder Inkubatoren zum Einsatz. Kunden aus der Industrie und dem Bergbau versorgt Dräger unter anderem mit Atemschutz, Schutzkleidung und Gasmesstechnik und die Feuerwehr mit besonders ergonomischen Pressluftatmern, aber auch Helmen, Chemikalienschutzanzügen und vielem mehr.

Seit nunmehr über 130 Jahren steht Dräger für Werte wie Vertrauen, Sicherheit oder Zuverlässigkeit, die dem Unternehmen eine hohe Widerstandskraft verleihen. Als Johann Heinrich Dräger seine Firma 1889 in Lübeck gründete, wurde zuerst das „Lubeca-Ventil", ein Druckminderer für Bierzapfanlagen, produziert und vertrieben. 1902 kam der erste Mischnarkose-Apparat „Roth-Dräger" auf den Markt, 1904 entwickelte man das erste zuverlässige Langzeit-Bergbaugerät „BG 1904" und 1907 das erste in Serie gefertigte Notfallbeatmungsgerät „Pulmotor". Wegweisend war auch die Geburtsstunde der mobilen Gasmesstechnik 1937: Die sogenannten Dräger-Röhrchen messen Schadstoffe und Gase in Umgebungsluft, Flüssigkeiten und im Boden.

Das Corporate Design besteht im Kern seit 1983. Die Leitidee „Technik für das Leben" wird im neuen Auftritt des Unternehmens nun noch stärker sichtbar: Das Design atmet Leben. Über alle Kontaktpunkte hinweg wird dies sichtbar und erlebbar – vom Produktdesign bis zur Kommunikation. „Leben heißt stete Veränderung, und auch für das Design bedeutet dies, zu bewahren und zu gestalten, sich zu verändern und neu zu erfinden und trotzdem zu bleiben, wer wir sind."

In einer immer komplexer werdenden Welt möchte Dräger dabei klar, einfach und flexibel bleiben und mit wenigen verbindenden Elementen für mehr Wiedererkennung der Marke sorgen: One Dräger – One Design. Die Farbe Dunkelblau steht dabei für die traditionellen Werte, das Hellblau vermittelt Aufbruch, Zukunft, Innovationskraft und die notwendige Frische zum Durchatmen. Großzügige Weißflächen vermitteln die nötige Ruhe, die durch eine übergeordnete Schrift für alle Anwendungen verstärkt wird und der Marke die nötige Klarheit verleiht. Eine authentische Bildsprache und großflächig eingesetzte Anwendungsbilder verleihen dem Auftritt Emotionalität.

„Technik für das Leben" ist für Dräger mehr als eine Leitidee. Das Vertrauen in die Dräger-Produkte sowie das gesamte Unternehmen als Geschäftspartner betrachtet man als große Verantwortung, der man mit bewährter Qualität, profundem Wissen, wegweisenden Innovationen und kreativer Offenheit für Neues begegnet.

ZEIT DURCHZUATMEN

DATEN UND FAKTEN

PRODUKTE
u. a. Beatmungs- und Anästhesiegeräte, Gasmesstechnik, Atemschutz

STANDORT
Stammsitz in Lübeck, Produktionsstandorte in Deutschland, Chile, China, Großbritannien, Indien, Schweden, Südafrika, Tschechien, USA, Norwegen, Schweiz

GRÜNDER
Johann Heinrich Dräger
(1889, in Lübeck)

INHABER
Familie Dräger

MITARBEITER
15.900 weltweit (2021)

VERTRIEB
Weltweit, eigene Vertriebs- und Servicegesellschaften in rund 50 Ländern

WEBSITE
draeger.com

Die hellblauen Elemente sind das optische Markenzeichen aller Dräger-Produkte.

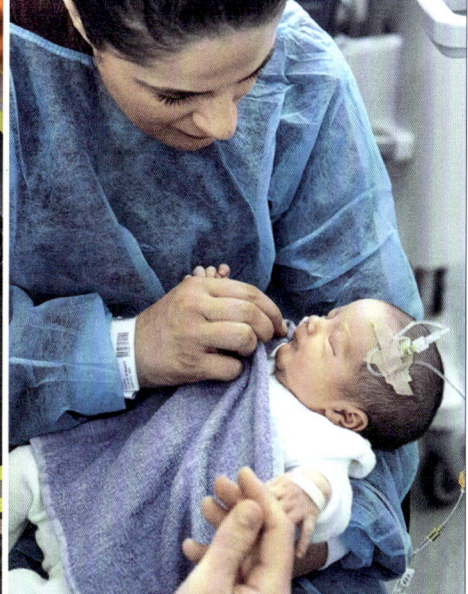

RAL Farben

WELTWEIT GÜLTIGER FARBSTANDARD

Mit seinen Farbgestaltungstools, Systemen und Dienstleistungen setzt RAL Farben aus Bonn weltweit gültige Standards für mehr als 2.500 Farbtöne. Professionell Gestaltende aller Disziplinen nutzen diese täglich.

Credits: Prof. Timo Rieke

DATEN UND FAKTEN

PRODUKTE
weltweit gültige Farbstandards,
ergänzender Service

STANDORTE
Bonn,
Peking (seit 2014)

GRÜNDER
Reichskuratorium für Wirtschaftlichkeit zur Vereinheitlichung technischer Lieferbedingungen (1925, Berlin)

INHABER
RAL gGmbH

MITARBEITER
70 (2022)

VERTRIEB
in mehr als 150 Ländern weltweit,
über 40 Vertriebsstellen und online

WEBSITE
ral.de

Wie erklärt man eindeutig, in welcher Farbe ein Produkt gedruckt oder eine Website gestaltet werden soll? Mit den RAL-Farbstandards ist das kein Problem. Jeder Farbton hat eine Nummer, die international gültig ist und einen beschreibenden Namen besitzt. Seit fast 100 Jahren steht die Marke RAL Farben für bewährte Farbkommunikation und liefert mit seinen drei Farbpaletten verbindliche Vorgaben für mittlerweile 2.540 Farbtöne. Der Service reicht von Produkten, die professionell Gestaltende unterstützen, über eine Farbstandardisierung, die weltweit die Kommunikation erleichtert, bis zur Wissensvermittlung durch die „RAL AKADEMIE".

Die meisten Farbstandards legt das fein abgestufte „RAL DESIGN SYSTEM *plus*" mit seinen 1.825 Farbtönen fest; die Farbsammlung „RAL CLASSIC" umfasst 216 zeitlose Töne; zur edlen Kollektion „RAL EFFECT" gehören neben den 420 Uni-Farbtönen 70 Metallic-Varianten. Darüber hinaus sind die 300 wichtigsten Farbtöne aus „RAL CLASSIC" und „RAL DESIGN SYSTEM *plus*" als verbindliche Kunststofffarbmuster erhältlich.

Nutzende der Farbpaletten kommen insbesondere aus den Bereichen Architektur und Innenarchitektur, Farbberatung, Handwerk, Hochschule, Produktdesign und Industriedesign. RAL Farben ist Teil der RAL gGmbH, die als Tochterunternehmen des RAL Deutsches Institut für Gütesicherung und Kennzeichnung fungiert. Seit Mitte der 1920er-Jahre setzt RAL Maßstäbe als Experte für Farben.

Um einheitliche Bedingungen für die Wirtschaft zu schaffen, wurde das Unternehmen 1925 in Berlin als „Reichsausschuss für Lieferbedingungen" gegründet. So sollte unter anderem auf Veränderungen in industriellen Fertigungsprozessen, etwa das Aufkommen der Fließbandproduktion, reagiert werden. 1927 wurden die ersten Farben standardisiert und im „RAL 840-HR"-Farbregister normiert. Zu dieser Zeit umfasste die Sammlung 40 verschiedene Töne.

Heute ist „RAL K7" der weltweit meistverkaufte Farbfächer. Er beinhaltet alle 216 Töne der historisch gewachsenen Farbsammlung „RAL CLASSIC", sorgt durch sein kompaktes Design aber dennoch für einen schnellen Überblick. Seit 2020 definiert das Orange mit der Nummer 2017 den Hausfarbton der Farbexperten.

Regelmäßig stellt sich die Unternehmensleitung die Frage, wie man das Produkt- und Serviceangebot verbessern kann, um Kreativität bestmöglich zu unterstützen. Zugleich ergeben sich durch instabile globale Rahmenbedingungen neue Herausforderungen. Vor dem Hintergrund aktueller Entwicklungen werden innovative Lösungen für einen langfristigen Erfolg immer wichtiger.

Die Suche nach nachhaltigen und ressourcenschonenden Lösungen spielt für RAL Farben eine elementare Rolle. Um auch in Zukunft ein starker Partner zu sein, wendet das Unternehmen neue Produktionstechnologien an und setzt alternative Rohstoffe ein. Produkte und deren Transformation werden konsequent weiterentwickelt, um innovative Anwendungsbereiche zu erschließen. Auch deshalb erhielt RAL 2020 bereits seinen vierten German Design Award, diesmal für die Gestaltungsbox „RAL Starter-Kit", die einen schnellen Zugang zum „RAL DESIGN SYSTEM *plus*" ermöglicht.

Wöhner

ELEKTROTECHNIK

Die Erfolgsgeschichte von Wöhner beginnt mit der Entwicklung erster Produkte am heimischen Küchentisch. 1929 gründete Alfred Wöhner sein Unternehmen, das heute ein international renommierter Spezialist im Bereich Energieverteilung, Steuerungstechnik und Erneuerbare Energien ist.

Bahnbrechende Produktinnovation war seinerzeit ein neuartiger dreipoliger Sicherungssockel für Siemens, der sowohl platzsparend als auch besonders montagefreundlich war. Mittlerweile steht Wöhner für über 90 Jahre Innovation.

Getreu dem Motto „Alles mit Spannung" steht Wöhner für zukunftsweisende Technologien zur Verteilung und Steuerung elektrischer Energie. Mit seiner hohen Innovationskraft, gepaart mit Leidenschaft und kreativer Freiheit, gelang es dem Unternehmen, eine Vorreiterrolle einzunehmen.

Ein herausragendes Produkt von Wöhner ist das selbst entwickelte 60-mm-Sammelschienensystem, das sich als Standard im Bereich der Niederspannungsverteilung und Steuerungstechnik etabliert hat und heute das in vielen Branchen am häufigsten verwendete Sammelschienensystem für unterschiedlichste Industrieanwendungen ist.

In der Produktgattung „Sammelschienensystemtechnik" wurde Wöhner 2022 als „Marke des Jahrhunderts" gewürdigt, der es gelingt, eine ganze Gattung von Produkten oder Dienstleistungen zu definieren und in ihrem Bereich Standards zu setzen. Weitere Highlights im Portfolio sind das berührungsgeschützte Energieverteilungssystem CrossBoard, das Sammelschienensystem 185Power sowie die jüngste wegweisende Innovation: Der MOTUS C14, ein sicherungsloser, wiedereinschaltbarer elektronischer Motorschutz, der schneller reagiert als jede Sicherung. Beim Auftreten eines Fehlers ermöglicht die innovative C14-Technologie innerhalb von maximal 10 Mikrosekunden das Abschalten des Motors.

Wöhner setzt jedoch nicht nur mit zahlreichen technischen Lösungen Maßstäbe, sondern legt auch großen Wert auf Qualität und Design. Eine hohe Wertigkeit des Materials sorgt für bewährte Robustheit und somit auch Beständigkeit und Werterhaltung, die blaue Sichtscheibe und die bewusst amorphen Formen gewährleisten einen hohen Wiedererkennungswert. Der Einzigartigkeit und Qualität der Marke als ein wichtiger Erfolgsfaktor kommt ein hoher Stellenwert zu – auch intern, da sie Stolz und Orientierung transportiert und die Leidenschaft stärkt.

Durch seine schlanke Struktur und eine eigene vollständige Prozesskette kann Wöhner schnell auf Veränderungen reagieren, sich flexibel anpassen und neue Projekte in relativ kurzer Zeit zur Marktreife bringen. Um sich auch andere Branchen und Märkte zu erschließen stellt Wöhner neben den elektromechanischen nun auch elektronische Komponenten her. Mit Blick in die Zukunft legt der Spezialist für Energiefragen ein Augenmerk auf die Energiewende und den Klimaschutz. Auch für zukünftige Generationen übernimmt Wöhner Verantwortung. Schon heute ist Wöhner klimaneutral und ergreift vielfältige Maßnahmen zur CO_2-Reduktion. Neben der Optimierung des Energiebedarfs wird durch den Einsatz regenerativer Energien für den Eigenverbrauch der Ressourceneinsatz stetig minimiert. Reduzierter Kunststoffeinsatz und erste biobasierte Materialien aus nachwachsenden pflanzlichen Rohstoffen reduzieren zudem den CO_2-Footprint. Ziel von Wöhner ist es, in den nächsten Jahren klimapositiv zu werden und zusätzlich auf gesellschaftlicher Ebene bei der Steuerung und effizienten Verteilung elektrischer Energie wichtige Impulse zur klimafreundlichen Energieversorgung zu liefern.

DATEN UND FAKTEN

INHABER
Familie Frank Wöhner

GRÜNDER
Alfred Wöhner (1929, Rödental)

PRODUKTE
von elektromechanischen Produkten über Sicherungs- und Sammelschienensysteme bis hin zu intelligenten Energieverteilungssystemen, elektronischen Komponenten und Software-Services

STANDORTE
Rödental (Hauptsitz); 12 Tochtergesellschaften im Ausland, Produktionsstandorte in Rödental (Deutschland), Hampton (USA), Peking (China), Boituva (Brasilien)

VERTRIEB
in über 80 Ländern weltweit.

MITARBEITENDE
390 Mitarbeitende weltweit, davon 230 Mitarbeitende am Standort Rödental

WEBSITE
woehner.de

Eine neue Dimension der Motorstarter erreicht der MOTUS C14 mit C14-Technologie.

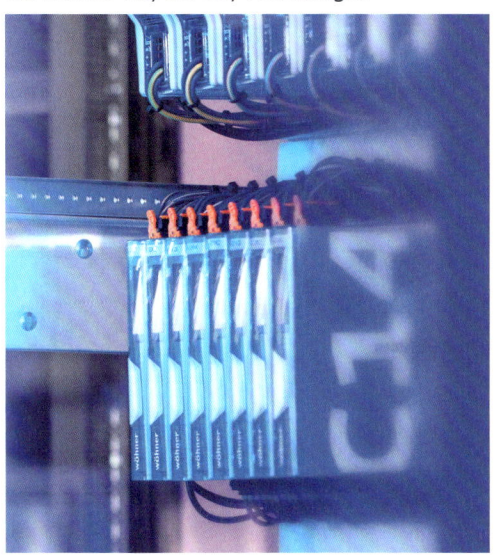

Das CrossBoard schafft Ordnung und Platz im Schaltschrank.

sonoro audio

GERMAN AUDIO AND DESIGN

sonoro vereint brillanten Klang im High-Fidelity-Segment mit preisgekröntem Design, hochwertiger Verarbeitung und optimaler Bedienerfreundlichkeit.

GERMAN AUDIO
AND DESIGN

Musik ist eine der größten Leidenschaften des Menschen. Das Musikhören ist über alle Altersklassen hinweg eine der beliebtesten Freizeitbeschäftigungen. Auch wenn die junge Generation heute die allgegenwärtigen mobilen Endgeräte nutzt, um immer und überall die neuesten Charthits zu hören, hat die klassische HiFi-Stereoanlage die Jahrzehnte erfolgreich überdauert. Kunden setzen dabei heute verstärkt auf Qualität. Makelloser, unverfälschter Klang bei unterschiedlichsten Raumbedingungen ist dabei genauso wichtig wie zeitgemäßes Design. sonoro-Audiosysteme fügen sich nach den individuellen Vorstellungen des Nutzers durch Design und Farbgebung perfekt in die Einrichtung ein, werden Teil von ihr oder heben sich als Blickfang deutlich hervor.

Seit 2006 macht es sich Marcell Faller, Gründer und CEO der sonoro audio GmbH aus Neuss, gemeinsam mit seinem inzwischen 40-köpfigen Team zur Aufgabe, die eigene Musikbegeisterung in die Entwicklung einzigartiger Musiksysteme einfließen zu lassen.

Technisch konzentriert sich sonoro auf die Entwicklung von Musiksystemen, die vor allen Dingen klanglich überzeugen. Der Faktor Klangqualität ist dabei für sonoro untrennbar mit den Eigenschaften des Raums verbunden, den ein Audiosystem beschallt. Einfach ausgedrückt: sonoro hat verstanden, dass ein Badezimmer anders klingt als ein Wohnzimmer oder eine Küche, und bietet deshalb für jeden Raum und damit für jede Alltagssituation die perfekte Klangquelle.

Mit kompakten All-in-one-Geräten, eigens entwickelten High-Fidelity-Lautsprechern und HiFi-Receivern hat sich sonoro in den letzten Jahren als Marke einen Namen unter Musikliebhabern gemacht. Dabei überzeugen die besonders beliebten Modelle MEISTERSTÜCK und MAESTRO sowohl durch ihre Funktionalität, Bedienerfreundlichkeit und zeitgemäße Kompatibilität mit unterschiedlichen Audioquellen als auch durch zeitlos modernes Design.

Dieser Kombination aus Form und Funktion verdankt die Marke zahlreiche Auszeichnungen. Herausragende Leistungen im Bereich des Produktdesigns bescheinigt sonoro zum Beispiel der Red Dot Design Award 2020. Der renommierte Designwettbewerb zeichnet die beiden Bestseller MAESTRO und MEISTERSTÜCK aus und bescheinigt deren Entwicklern Höchstleistungen in Ästhetik, Materialzusammenstellung, Verarbeitung, Oberflächenstruktur, Ergonomie und Funktionalität.

Als Marke überzeugte sonoro außerdem 2020 die Expertenjury des Plus X Award® sowie des German Brand Award 2021. Ausgezeichnet wurden jedoch nicht nur Design und Markenführung, sondern auch die technische Leistung hinter den sonoro-Produkten. Beim Fidelity Award 2020 schafft es erneut das MEISTERSTÜCK in der Kategorie „Streaming-Radio" beim Premium Award unter die Preisträger.

Alle Auszeichnungen und der Erfolg der Marke beim Kunden sind dabei laut sonoro das Ergebnis einer überzeugenden Leistung des Teams aus Audio- und Designexperten sowie deren überzeugter Identifikation mit der Marke sonoro.

DATEN UND FAKTEN

PRODUKTE
Design-Audiosysteme

STANDORT
Neuss

GRÜNDER
Marcell Faller (2006)

INHABER
Marcell Faller

MITARBEITER
40 (2022)

VERTRIEB
DACH sowie ausgewählte Märkte in Europa und der Welt, über Fachhandel und online

WEBSITE
sonoro.com

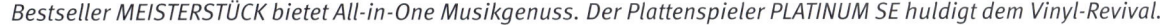

Bestseller MEISTERSTÜCK bietet All-in-One Musikgenuss. Der Plattenspieler PLATINUM SE huldigt dem Vinyl-Revival.

Jeder Transformationsprozess findet im Spannungsfeld von Revolution und Evolution statt.

PROF. MIKE RICHTER

Jung von Matt BRAND IDENTITY

KOMMUNIKATION, CONSULTING

Als Spezialagentur für Identitäts- und Markenentwicklung hilft Jung von Matt BRAND IDENTITY Unternehmen, ihr volles Potenzial auszuschöpfen und ganzheitliche, konsistente Markenerlebnisse zu erschaffen. Dabei ist der Dienstleister selbst Teil einer weltweit erfolgreichen Agentur-Marke.

Unternehmen gibt es viele; ob aus ihnen Marken werden, entscheiden in letzter Konsequenz allein die Kunden. Was sie mit einem Namen, einem Logo oder einem spezifischen Design verbinden, zeichnet eine Marke aus. Diese Wahrnehmung unterscheidet Waren oder Dienstleistungen vom ansonsten weitgehend identischen Wettbewerb und beeinflusst die Kaufentscheidung maßgeblich.

Die Entstehung von Marken ist dabei selten ein Zufallsprodukt. Hinter den führenden Marken aller denkbaren Branchen steht intensive Arbeit. Marken werden gezielt entwickelt, aufgebaut und langfristig geführt. Jung von Matt BRAND IDENTITY unterstützt Unternehmen bei der Analyse, der Strategie, der Entwicklung von Marken. Dabei lautet das erklärte Ziel, Marken als gelebte Identitäten zu etablieren, die Identifikation, Begeisterung, Glaubwürdigkeit und Vertrauen schaffen.

Als unabhängige Branding Agentur ist Jung von Matt BRAND IDENTITY Teil der Jung von Matt-Familie und nutzt auch deren Expertise, um im Kundenauftrag Marken neu zu denken und weiterzuentwickeln. Dabei gilt es, Marken zukunftsfähig zu machen und sie bei der Transformation ins Netzwerkzeitalter zu unterstützen, um ihre Markenperformance zu verbessern und für den Wettbewerb nachhaltig zu stärken.

Unter dem Credo „Wie lieben Ideen, die inspirieren" versteht Jung von Matt BRAND IDENTITY Marken als Gesamtheit aller Eigenschaften einer Identität, die Nutzen stiftet. Dabei orientiert sich die Agentur an den definierten Eckpfeilern starker interner und externer Markenerlebnisse: Clarity, Consistency, Continuity, Credibility und Commitment. Mit diesem ganzheitlichen Verständnis entwickelt sie fundierte Strategien als Voraussetzung für Momentum und den Erfolg einer Marke.

Als eine von insgesamt acht Jung von Matt-Agenturen der Jung von Matt Schweiz liegen die Kernkompetenzen von Jung von Matt BRAND IDENTITY in Brand Strategy, Brand Personality, Brand Transformation, Brand Ecosystems, Brand Design und Brand Management. Dabei prägt den eigenen Markenaufritt die bekannte und seit vielen Jahren erfolgreiche visuelle Identität von Jung von Matt.

Seit der Gründung im August 2011 zählen zahlreiche erfolgreiche Marken zu den Kunden, die in ihrer Entwicklung auf die Kompetenz von Jung von Matt BRAND IDENTITY bauen. Von der Transformation der ZF Friedrichshafen AG zur „Next Generation Mobility" über die neue Identität der Model Group bis hin zur gesamtheitlichen strategischen und visuellen Markenberatung der Schweizerischen Post: Jung von Matt BRAND INDENTITY steht maßgeblich hinter dem Erfolg einer stetig wachsenden Zahl nationaler und internationaler Marken.

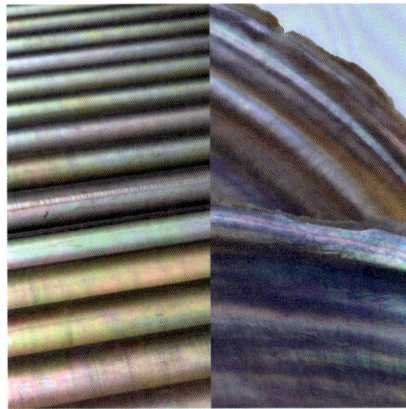

See the Extra in the Ordinary

DATEN UND FAKTEN

PRODUKTE
Dienstleistungen bzgl. Markenstrategie, Markenentwicklung und Markenführung

STANDORTE
Zürich: Jung von Matt BRAND IDENTITY
Europa, Asien, USA: Jung von Matt

GRÜNDER
Prof. Dr. Dominique von Matt

GESCHÄFTSFÜHRER
Dr. Thomas Deigendesch

MITARBEITER
15 (JvM BRAND IDENTITY),
140 (JvM Schweiz),
1.500 (JvM gesamt)

WEBSITE
jvmbrandidentity.ch

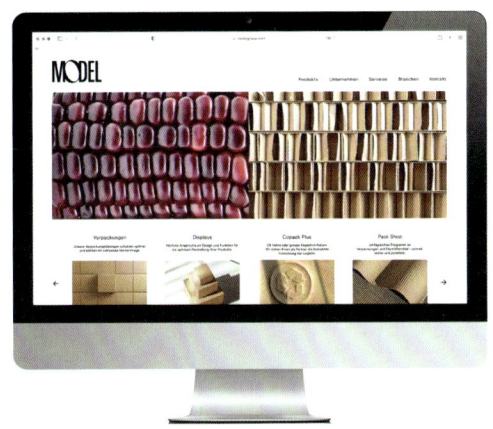

Tilia

STÜHLE, SESSEL UND TISCHE AUS KUNSTSTOFF FÜR DEN OUTDOOR- UND OBJEKTBEREICH

Die Kunststoffmöbel der türkischen Marke Tilia sind ansprechend gestaltet, nachhaltig und für jeden erschwinglich. Auf diese Weise hat die Istanbuler Firma zahlreiche renommierte Designpreise gewonnen.

Die Marke Tilia ist aus dem Unternehmen Savaş Plastik hervorgegangen, das 1963 von Sadettin Savaş in Istanbul gegründet wurde. Zunächst spezialisierte es sich auf die Produktion von Hemdknöpfen und Kämmen aus Kunststoff. Mit dem Know-how und der Erfahrung seiner langjährigen Mitarbeiterinnen und Mitarbeiter begann die Firma im Jahr 1999, Kunststoffmöbel unter dem Markennamen Tilia herzustellen. Gründer von Tilia sind Ali Savaş und Mustafa Savaş, die zweite Generation des Familienunternehmens.

Der von Designer Kunter Şekercioğlu entworfene Sessel Atra spiegelt das Prinzip des Democratic Design anschaulich wider, nach dem die Möbel von Tilia entstehen: Sie sind gut gestaltet, haltbar und für jedermann erschwinglich. Die Sitzfläche des stapelbaren Kunststoffsessels, der für den Gebrauch in Innenräumen und im Outdoorbereich gleichermaßen geeignet ist, kann abgenommen, ausgetauscht und recycelt werden. Atra ist witterungsbeständig und leicht zu reinigen. Das dekorative Lochmuster des Sitzmöbels sorgt zudem für eine natürliche Belüftung. Diese Eigenschaften brachten dem Produkt des türkischen Herstellers zahlreiche renommierte Designpreise ein, darunter den German Design Award 2021 in Gold.

Mit mehr als einem halben Jahrhundert Erfahrung und dem festen Glauben an Innovation verbessert das Unternehmen sich und seine Produktionsprozesse stetig. Sein Expertenteam entwickelt und produziert langlebige Produkte mit hoher Qualität, die benutzerfreundlich sind und praktische Lösungen für das tägliche Leben bieten. Die zertifizierten Kunststoffmöbel bestehen aus Materialien, die witterungsbeständig und leicht zu säubern sind. Hauptsächlich wird Polypropylen für die Produktion verwendet, das bei einigen Entwürfen durch die zusätzliche Verwendung von Fiberglas noch stabiler und haltbarer gemacht wird. Diese Materialien sind zu 100 Prozent recycelbar und können ohne Abfall produziert werden.

Tilia schätzt Recycling als eine zeitgemäße Möglichkeit, neue Produkte zu erschaffen. Deshalb fertigt der Hersteller seine Stühle, Sessel und Tische aus vollständig recycelbaren Materialien. Auch Neben- und Abfallprodukte werden dem Produktionskreislauf wieder zugeführt, um langlebige Möbel zu produzieren, die den Kunden Freude machen. Mittlerweile liefert Tilia seine nachhaltigen Kunststoffmöbel in mehr als 60 Länder.

DATEN UND FAKTEN

PRODUKTE
Stühle, Sessel und Tische aus Kunststoff für den Outdoor- und Objektbereich

STANDORT
Istanbul

GRÜNDER
Sadettin Savaş (1963, Istanbul)

INHABER
Familienunternehmen in 3. Generation

VERTRIEB
Europa, Mittlerer Osten, Nordamerika

WEBSITE
tilia.info

HEY-SIGN

EINRICHTUNGSBRANCHE

Auf der Suche nach nachhaltigen und umweltfreundlichen Werkstoffen setzen viele Hersteller auf innovative Neuentwicklungen. HEY-SIGN nutzt den Blick in die Vergangenheit und transportiert traditionellen Wollfilz in die Zukunft.

Archäologische Funde aus der Bronzezeit belegen, dass Filz mit größter Wahrscheinlichkeit das älteste textile Flächengebilde der Menschheitsgeschichte ist. In den letzten Jahrzehnten sind das Material und die Techniken seiner Herstellung jedoch weitgehend in Vergessenheit geraten. Kleidung aus Wollfilz ist heute maximal ein Nischenprodukt. Seit mehr als 20 Jahren arbeitet HEY-SIGN erfolgreich an einem Comeback des traditionellen Materials und präsentiert einzigartige Produkte für den Objekt- und Einrichtungsbereich, die nicht allein durch ihre Optik, sondern vor allen Dingen durch die charakteristischen Eigenschaften des Materials überzeugen.

Das Naturmaterial aus dem nachwachsenden Rohstoff Schurwolle ist luftdurchlässig, abriebfest, formstabil, pflegeleicht, strapazierfähig und hautfreundlich. Dabei besitzt es isolierende und schallabsorbierende Eigenschaften und lässt sich gezielt zur Verbesserung des Raumklimas und der Raumakustik einsetzen.

HEY-SIGN produziert als Spezialist und Vorreiter in der Wollfilzverarbeitung Wohnaccessoires wie Kissen, Körbe und Tischdekorationen sowie Sitz- und Bankauflagen, Sitzmöbel, Teppiche und viele weitere Einrichtungselemente und Utensilien für den Einsatz in Privathaushalten wie auch in Büros und Gewerberäumen. Darüber hinaus bieten Akustikelemente, Vorhänge und Raumteiler in individueller Maßanfertigung optimale Voraussetzungen zur optischen, klimatischen und akustischen Raumgestaltung.

Das zeitlose, mehrfach prämierte Design stellt, in Kombination mit frischen Farben, das zentrale Element der HEY-SIGN-Kreationen dar. So gelingt die Transformation des traditionellen Materials zu einer Grundlage zeitgemäßer Einrichtung. HEY-SIGN ebnet damit Wollfilz den Weg in die Welt des Wohnens und Arbeitens und beweist, nach Jahrzehnten des Schattendaseins, erneut dessen Eignung als nachhaltiges und funktionales Lifestyleprodukt.

Dabei ist der Wollfilz, mit dem HEY-SIGN arbeitet, von Natur aus nachhaltig. Der mulesingfreie Wollfilz besteht zu 100 Prozent aus reiner Schurwolle, trägt das Qualitätssiegel „The Woolmark Company" und ist nach Oeko-Tex® Standard 100 zertifiziert. Die Fertigung der HEY-SIGN-Produkte erfolgt in Handarbeit, „Made in Germany". Teile der Kollektion werden in Werkstätten für angepasste Arbeit und in lokalen Zulieferbetrieben für Metall, Holz und Leder produziert. HEY-SIGN setzt darüber hinaus auf kurze Transportwege.

Um die Marke HEY-SIGN zu stärken und erfolgreich in die Zukunft zu führen, entschieden sich ihre Gründer Bernadette Ehmanns und Matthias Hey im Jahr 2019 für eine Partnerschaft mit der BWF Group, dem führenden Hersteller von Designfilzen für Lifestyle und Interior sowie Innovationspartner mit weltweiter Präsenz. Seither ist HEY-SIGN unter der Geschäftsführung seiner langjährigen Mitarbeiterin Katharina Günther Teil dieses Traditionsunternehmens, das seinerseits auf eine 126-jährige Geschichte in der Wollfilzproduktion zurückblicken kann.

DATEN UND FAKTEN

PRODUKTE
Einrichtungsgegenstände, Möbel und Accessoires aus Wollfilz in vier Materialstärken und über 40 Farbtönen

STANDORT
Meerbusch, Nordrhein-Westfalen

GRÜNDER
Bernadette Ehmanns und Matthias Hey
(1999, Meerbusch)

INHABER
HEY-SIGN ist ein Unternehmen der BWF Group.

MITARBEITER
32

VERTRIEB
Fachhändler, Onlinehändler und HEY-SIGN Onlineshop

WEBSITE
hey-sign.de

INNOVATION IN FILZ

Bette

SANITÄR

Das 1952 von Heinrich Bette in Delbrück gegründete und mittlerweile in der dritten Generation familiengeführte mittelständische Unternehmen ist Spezialist für Bad-Elemente aus glasiertem Titan-Stahl. Die von Ingenieur Fritz-Wilhelm Pahl selbst entwickelte Umformtechnik ist die Grundlage des Erfolgs.

Mut und Erfindergeist zahlen sich aus – dafür ist die Geschichte der Firma Bette ein gutes Beispiel. Als in den 1970er-Jahren kein Geld für eine Anlage von der Stange vorhanden war, entwarf ein junger Ingenieur, der Vater des aktuellen Geschäftsführers, ein eigenes Maschinenkonzept, das noch heute die Basis für revolutionäre Innovationen ist. Bei der einzigartigen Formgebungstechnik wird der Stahl nicht gestreckt, sondern im Tiefziehverfahren fließend in die Form gezogen, wodurch hohe Präzision und Stabilität gegeben sind. Grundformen können danach individuell bearbeitet werden. Darüber hinaus sind 400 verschiedene Farben und zahlreiche zusätzliche Ausstattungen wählbar. Aber auch exklusive Sondermodelle werden in Handarbeit gefertigt. Apropos Fertigung: Trotz der Größe des Unternehmens werden bis heute alle Produkte ausschließlich in Ostwestfalen hergestellt.

Revolutionäre Entwicklungen von Bette waren beispielsweise die erste frei stehende fugenlose Badewanne, die erste bodengleiche Duschfläche BetteFloor sowie die erste Duschfliese BetteAir, die durch eine neuartige Montage wie eine Fliese direkt auf dem Boden installiert wird und deren Ablaufgestaltung bisher einzigartig ist.

Das Design ist architekturbezogen und sowohl von technischer Raffinesse als auch Ästhetik geprägt. In enger Zusammenarbeit mit namhaften Designern werden die Grenzen der Stahlverformung immer wieder neu definiert, denn die große Leidenschaft bei Bette gilt der „intelligenten Verbindung von Produkt und Gebäudehülle".

Die Bad-Elemente aus langlebigem glasiertem Titan-Stahl sind aufgrund der besonders dünnen Materialität sehr leicht und dabei außergewöhnlich widerstandsfähig, ihre brillante Oberfläche aus BetteGlasur® ist härter als Marmor, Kunststoff oder Stahl, kratzfest, porenfrei und UV-beständig. Für diese Premium-Qualität gibt Bette 30 Jahre Garantie. Die Langlebigkeit der Bad-Elemente trägt zudem zu einer guten Ökobilanz bei.

Die Werkstoffe Stahl und Glas stellen viele Industriebetriebe vor die Herausforderung, eine möglichst CO_2-arme Produktion zu entwickeln. Da Bette seit jeher der schonende Umgang mit den natürlichen Ressourcen am Herzen liegt, wird im Unternehmen bereits grüner Stahl verwendet, wobei dessen Anteil noch weiter erhöht werden soll. Auch in eigene Energiegewinnung wurde bereits ausgiebig investiert. Bei sogenannten Kreislaufprodukten etwa werden recycelte Abfälle einbezogen, und die firmeneigenen, spritsparenden Lkw fahren grundsätzlich mit vollen Ladeflächen – auch auf den Rückwegen, wofür man mit anderen Firmen logistisch kooperiert. Bette versteht Nachhaltigkeit als ständige Aufgabe, denn „Nachhaltigkeit ist für uns Programm – und kein modisches Schlagwort".

DATEN UND FAKTEN

PRODUKTE
Bad-Elemente aus glasiertem Titan-Stahl (Badewannen, Duschen, Waschtische) und Zubehöre für die sichere Anbindung an die Gebäudehülle

STANDORTE
Delbrück (Stammsitz), in Ostwestfalen; Großbritannien, China, Russland

GRÜNDER
Heinrich Bette
(1952, Delbrück)

INHABER
Familie Pahl

MITARBEITER
395 (2022)

VERTRIEB
weltweit

WEBSITE
my-bette.com

DAS BESTE
FÜR DAS BAD

PROLED

HOCHWERTIGE LED-BELEUCHTUNG

Die Marke PROLED ist ein Pionier der LED-Technik. Seit über 20 Jahren liefert das innovative deutsche Unternehmen vorbildliche Lichtlösungen für Innenräume und den Outdoorbereich.

PROLED Flex Strip Opal Shape

 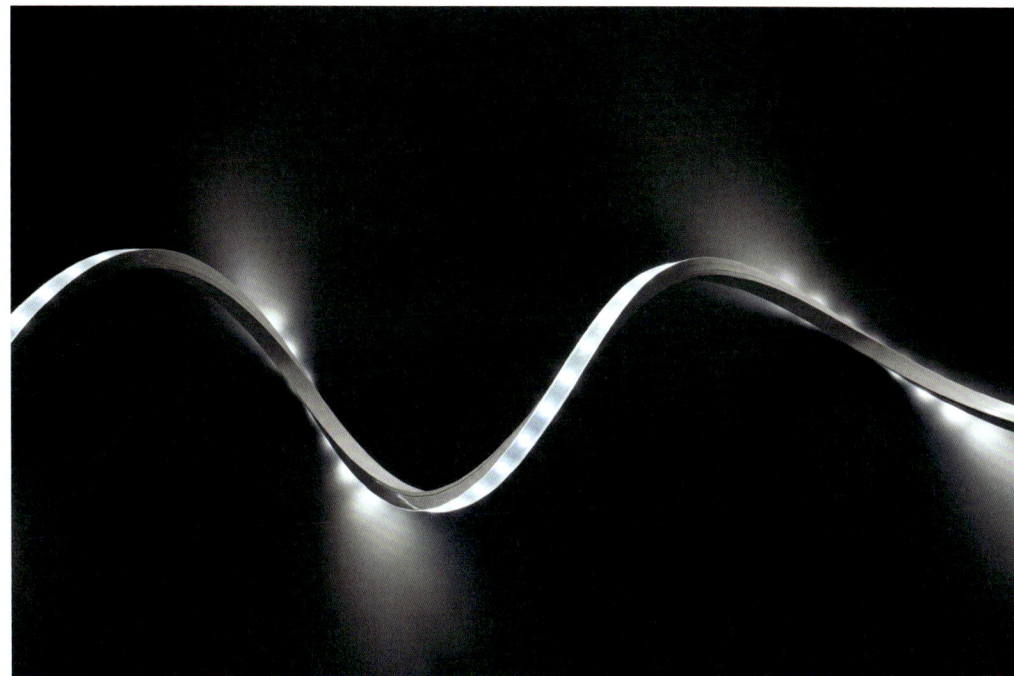

Links: PROLED Flex Line Porter. Rechts: PROLED Flex Strip Wall.

Bei PROLED stehen qualitativ hochwertiges Licht und gute Beleuchtung im Vordergrund. Die LED-Produkte des Unternehmens aus dem bayerischen Friedberg ermöglichen präzise lineare sowie architektonisch-technische Beleuchtungen mit Spots und Downlights. Vielseitige Lösungen für den Außenbereich ergänzen das Portfolio. PROLED versteht sich als Pionier der LED-Technik und ist ein führender Anbieter am Lichtmarkt – Innovation gehört deshalb zum Tagesgeschäft. Im Verbund der PROLED-Gruppe ist die Organisation auch auf internationaler Ebene ein starker Player. Als Hersteller mit eigenen Abteilungen für Design, Engineering und Testing steht der Experte für Beleuchtung für hohe Produktqualität, Nachhaltigkeit und bezahlbare Produkte.

Als MBN wurde das Unternehmen 1988 von Bernd Menrad gegründet, der es bis 2021 auch leitete. Im Jahr 2005 etablierte er die Hausmarke PROLED und stellte von da an ausschließlich LED-Beleuchtungen her. 2021 übernahm CEO Peter Gawlik die Geschäftsführung des Design- und Systemleuchtenherstellers mawa sowie der Firma MBN mit seiner Marke PROLED. Beides gehört, gemeinsam mit dem Unternehmen UNI-BRIGHT, zur PROLED GROUP.

Aktuell liegt ein Fokus auf den neuen Produkten „PROLED Flex Strip Opal Shape" und „PROLED Flex Strip Wall". Beide erweisen sich als höchst flexibel in Anwendung und Form bei maximaler Beleuchtungsqualität. Mit „Shape" lassen sich durch eine homogene 360°-Abstrahlung unterschiedlichste Raumatmosphären gestalten. „Wall" fungiert als äußerst präziser und leistungsstarker Wallwasher. Diese Hightech-Produkte werden von Lichtplanern, Architekten und Interior-Designern genutzt, um einzigartige Beleuchtungslösungen zu schaffen.

Höchste Qualitätsstandards bei Konfektionierung, Lichtmessung und IP-Testung sind bei PROLED selbstverständlich. Dazu zählen die Konfektionierung von Alu-Profilen und Kunststoffabdeckungen in Wunschlänge, Flex-Strips mit individueller Kabel-Einspeisung sowie der Zusammenbau funktionaler Einheiten im „Plug & Play"-Verfahren. Mit genormten Dichtigkeitstests werden alle Outdoor- und Unterwasserprodukte auf ihre Eignung für bestimmte Umgebungsbedingungen geprüft – so kann auch die korrekte IP-Klassifizierung garantiert werden. Darüber hinaus finden exakte fotometrische Messungen im hauseigenen Labor statt. Dort wird die einwandfreie Funktion der Leuchten und Komponenten festgestellt – von relevanten Qualitätsparametern wie Energieverbrauch und Lichtstrom über Spektrum, Lichtfarbe und Farbwiedergabe bis zur Flackerfreiheit und Blendwirkung.

Neben dem PROLED-Hauptsitz in Friedberg betreibt das Unternehmen die Tochtergesellschaften PROLED AUSTRIA sowie PROLED SWITZERLAND. Zudem liegt ein besonderer Fokus auf dem italienischen Markt.

DATEN UND FAKTEN

PRODUKTE
hochwertige LED-Beleuchtung

STANDORT
Friedberg, Bayern

GRÜNDER
Bernd Menrad (2005, Friedberg)

INHABER
PROLED GROUP

MITARBEITER
60 (2022)

VERTRIEB
weltweit über Vertriebsmitarbeiter, Niederlassungen und Distributionsagenturen

WEBSITE
proled.com

Nowy Styl

KOMPLETTEINRICHTUNGEN FÜR BÜROS UND ÖFFENTLICHE RÄUME

Ein Ziel von Nowy Styl ist es, das Arbeiten durch maßgeschneiderte Lösungen und ganzheitliche Konzepte effizienter und komfortabler zu machen. In diesem Jahr feiert das Unternehmen sein 30-jähriges Bestehen.

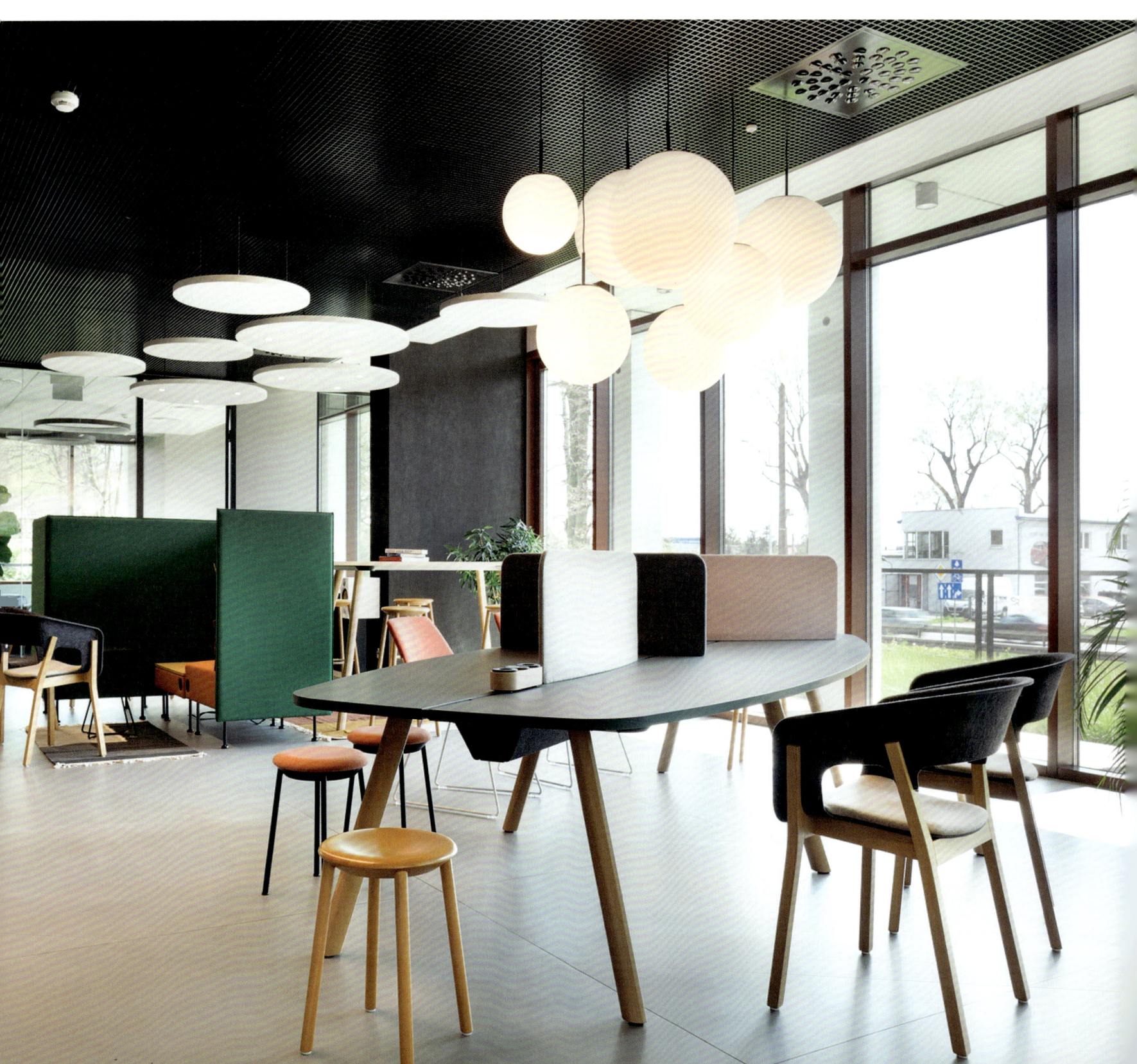

Als einer der führenden Hersteller in Europa bietet Nowy Styl Komplettlösungen für die Einrichtung von Büros und öffentlichen Räumen wie Flughäfen, Kliniken, Mehrzweckhallen oder Kinos an. 1992 gründeten die Brüder Adam und Jerzy Krzanowski ihre Sitzmöbelfabrik im polnischen Krosno, um die ersten Stuhlmodelle ihrer Marke zu produzieren. Bereits ein Jahr später beschäftigten sie mehr als 100 Arbeitnehmer. Im Jahr 2000 erreichte das Unternehmen den Meilenstein von einer Million verkaufter Stühle. Zudem erweiterte es sein Portfolio kontinuierlich, um neue Kunden und Marktsegmente zu erreichen.

Zur Firmengruppe gehört heute auch die Marke Kusch+Co, die für ihr Produktdesign sowie innovative Lösungen für Passagierterminals und Einrichtungen im Gesundheitswesen geschätzt wird. Sein ganzheitliches Konzept macht das Unternehmen einzigartig. Nowy Styl schafft maßgeschneiderte Räume – von der Planung über die Fertigung bis zur Realisierung. Zu den modernen Lösungen zählen auch Büroraumkonzepte für hybride Arbeitsmodelle sowie Möbel für agiles Arbeiten und Remote Work. Mittlerweile ist die Gruppe in über 100 Ländern tätig. Im Jahr 2022 feiert sie ihr 30-jähriges Bestehen und eröffnet einen neuen Showroom in Berlin.

Nowy Styl, auf Polnisch „Neuer Stil", richtete unter anderem die Bürowelten internationaler Konzerne wie Toyota, ABB, Siemens und Deloitte ein. In den letzten Jahren hat das Unternehmen in neue Fertigungstechnologien investiert. Mit einer speziellen Anwendungssoftware lassen sich so Serienprodukte nach individuellen Wünschen und Vorstellungen von Kunden konfigurieren. Bei der CO_2-reduzierten Produktion werden umweltfreundliche, recycelbare sowie bereits recycelte Materialien verwendet. 2022 wurde Nowy Styl mit der EcoVadis-Platin-Medaille ausgezeichnet, die die besten 1 Prozent der Geprüften für vorbildliche Umweltverträglichkeit und Unternehmensethik sowie nachhaltige Lieferketten auszeichnet.

Das Programm umfasst ergonomische Stühle und Tische, Multifunktionsmöbel, Soft-Seating-Lösungen, Möbel für das Homeoffice, Akustikpaneele, Krankenhauseinrichtungen sowie die Möblierung von Flughafen- und Hafenterminals, Theatern oder Stadien. Es basiert auf dem Knowhow und den Erfahrungen eines Expertenteams, zu dem neben Designern auch Konstrukteure, Technologen, Architekten, Programmierer, Manager sowie Psychologen und Soziologen gehören. Um höchste Qualität zu bieten, werden die Produkte fortlaufend getestet und auf Beständigkeit geprüft.

Zu den preisgekrönten Produkten der Marke zählt unter anderem der Stuhl „V-Care" von Justus Kolberg für Kusch+Co, der den Red Dot Design Award 2022 erhielt. Im Jahr 2021 wurde außerdem der Drehstuhl „WithME" von Nowy Styl (Design: Martin Ballendat) mit dem German Innovation Award ausgezeichnet. Die modularen Serien „Creva Desk" und „Creva Soft" Sitzmöbel sind Preisträger des Iconic Award 2021 und des German Design Award 2021. Beide Programme entwickelte das Kölner Designbüro Kaschkasch für Kusch+Co. Renommierte Produktdesigner wie diese werden auch in Zukunft entscheidend zum Erfolg von Nowy Styl beitragen.

DATEN UND FAKTEN

PRODUKTE
ganzheitliche Einrichtungen für Büros und öffentliche Räume

STANDORTE
Krosno, Berlin, Düsseldorf, Steyerberg, Ebermannsdorf, über 30 Showrooms weltweit

GRÜNDER
Adam und Jerzy Krzanowski (1992, Krosno)

VORSTAND
Adam und Jerzy Krzanowski, Rafał Chwast und Roman Przybylski

MITARBEITER
über 5.900 inklusive aller Joint Ventures (2021)

VERTRIEB
in 18 Ländern in Europa und dem Nahen Osten

WEBSITE
nowystyl.com

Als Reaktion auf sich ständig verändernde Anforderungen – auch im Büro – bietet Nowy Styl individuelle und funktionale Möbellösungen, die agiles Arbeiten ermöglichen.

KLUDI

METALLINDUSTRIE/
SANITÄRBRANCHE

Die 1926 im Sauerland gegründete Firma steht für annähernd 100 Jahre Erfahrung in der Entwicklung und Herstellung hochwertiger Armaturen für Bad und Küche. Aus der Manufaktur von einst ist längst ein weltweit anerkannter Armaturenspezialist und ein modernes Industrieunternehmen geworden.

Der Armaturenspezialist vereint Funktionalität, Innovation, Design und Nachhaltigkeit in Produkten erstklassiger Qualität. Mit wegweisenden Lösungen hat sich KLUDI zudem immer wieder als Impulsgeber bewiesen. Beispielsweise ersetzte KLUDI mit einer innovativen Ventillösung die bisher in der Branche verbreitete umständliche Zugumstellung an Einhebel-Unterputzarmaturen für die Wanne durch eine komfortable Tastenlösung (KLUDI PUSH & SWITCH) und setzte damit neue Maßstäbe. Echte Mehrwerte für die Nutzer bieten weitere Entwicklungen des Mittelständlers: etwa die weltweit erste Hybrid-Armatur für die Küchenspüle (KLUDI E-GO), der bewegliche Luftsprudler (KLUDI s-pointer), um den Strahlwinkel optimal auf den Waschtisch anzupassen, der Bajonettverschluss – für die Unterfenstermontage von Küchenarmaturen und der KLUDI Multianschluss, ein integriertes Absperrventil für die Wasch- und Spülmaschine. Innovationskraft und Ideenreichtum spiegeln sich in rund 170 Erfindungen und über 100 Patenten wider. Diese Innovationsstärke trägt wesentlich zur Wettbewerbs- und Zukunftsfähigkeit von KLUDI bei. Dabei geht es nicht nur um Produkte, sondern darüber hinaus ganz grundsätzlich um die Bereitschaft, Hergebrachtes in Frage zu stellen und Gewohntes zu überdenken. So verzichtet KLUDI inzwischen in seinen Verpackungen auf Plastik und setzt stattdessen recycelfähige bzw. biologisch abbaubare Materialien ein.

Vom Gießen des Messings bis hin zur Endmontage – KLUDI verfügt als einer der wenigen Hersteller über eine eigene vollstufige Armaturenproduktion in Deutschland. Hinzu kommt, dass das Unternehmen alle benötigten Produktionswerkzeuge selbst entwickelt und konstruiert.

Da KLUDI Produkte fertigt, die Menschen tagtäglich unzählige Male berühren und nutzen, legt das Unternehmen großen Wert auf gutes Design. Dabei geht es KLUDI nicht allein um Formgebung und Ästhetik, sondern stets auch um Funktionalität, Bedienkomfort, Emotionalität und Nachhaltigkeit. Für KLUDI ist Design dann gelungen, wenn es den Menschen dient und spürbare Mehrwerte schafft.

KLUDI lebt die Partnerschaft mit seinen Fachkunden – weit über das rein Geschäftliche hinaus. So bietet die KLUDI-Zukunftswerkstatt eine Plattform zum Austausch zwischen Handwerksunternehmern und dem KLUDI-Management – auf Augenhöhe von Mittelständler zu Mittelständler zu Fragen, bei denen das Fachhandwerk der sprichwörtliche Schuh drückt.

Dahinter steht die Absicht, gemeinsam Lösungsansätze für drängende Herausforderungen zu entwickeln und so den Marktpartnern angesichts einer komplexen Umwelt das Leben ein Stück einfacher zu machen.

DATEN UND FAKTEN

PRODUKTE
Armaturen für Bad und Küche

STANDORTE
Menden (Stammsitz und Firmenzentrale),
Produktionsstandorte: Menden (Deutschland), Hornstein (Österreich), Diósd (Ungarn)

GRÜNDER
Franz Scheffer (1926, Menden)

INHABER
RAK Ceramics Group,
Ras Al Khaimah/Vereinigte Arabische Emirate (seit 2022)

MITARBEITER
rund 900, davon mehr als 350 in Deutschland

VERTRIEB
in mehr als 100 Ländern und über eigene KLUDI Vertriebsniederlassungen oder Importeure

WEBSITE
kludi.com

WATER IN PERFECTION

Der Archetyp des neuen Zeitgeistes: KLUDI NOVA FONTE Pura besticht durch ein einzigartig filigranes Design.

Ca Go Bike

FAHRRADINDUSTRIE

Nur mit innovativen Mobilitätskonzepten kann die Mobilitäts- und mit ihr die Energiewende gelingen. Ca Go Bike transformiert das klassische Lastenfahrrad zum modernen Transportmittel auf höchstem Sicherheitsniveau.

Die Kombination aus Fahrrad und Lastenträger gehört insbesondere in Metropolen zum Stadtbild. Lieferdienste und Kurierfahrer schätzen die flexible und im Unterhalt kostengünstige Alternative zum Auto. Als Lifestyleprodukt dient es der Beförderung des Nachwuchses und ist ein Statement für eine nachhaltige Lebensführung.

Mit der ökologisch und ökonomisch erforderlichen Mobilitätswende wächst parallel zum klassischen Fahrrad auch das Interesse am Lastenfahrrad als vielseitige Alternative in Transport und Personenbeförderung. Dabei eröffnet der beim Fahrrad zunehmend gefragte Elektroantrieb auch dem Lastenfahrrad neue Einsatzmöglichkeiten.

Mit Fokus auf die Aspekte Sicherheit, Usability und Design hat sich die Marke Ca Go seit 2018 der Weiterentwicklung moderner urbaner Mikromobilität in Gestalt des elektrischen Lastenfahrrads verschrieben. Dabei galt die Unternehmensgründung ursprünglich dem Ziel, die von den Unternehmensgründern Franc Arnold und Thorsten Michel entwickelte, als Fahrgastzelle gestaltete Transportbox zu vermarkten. Als dies nicht auf Anhieb gelang, entschied sich das Duo zur Gründung und Entwicklung eines eigenständigen E-Lastenfahrrads. 2019 präsentierte Ca Go das erste Modell FS200 Life, dem drei Jahre später das neue Modell FS200 Vario 2022 folgt.

Im Mittelpunkt der Entwicklung stand von Anfang an die Sicherheit der Kinder, auf deren Transport die speziell konstruierte Fahrgastzelle ausgerichtet ist. Die EPP-CargoBox des Ca Go FS200 Life besteht aus stoßabsorbierendem expandiertem Polypropylen und kann mit ergonomischen Kindersitzen mit 5-Punkt-Sicherheitsgurten ausgestattet werden, die zudem über höhenverstellbare Kopfstützen sowie einen optionalen Sicherheitskragen verfügen. Insgesamt bescheinigen unabhängige Crash-Tests Ca Go beim FS200 Life ein gelungenes Sicherheitskonzept und hierdurch ein geringes Verletzungsrisiko.

Technisch und in der Ausstattung setzt Ca Go bei beiden Modellen auf höchste Qualitätsstandards. Angefangen von dem leistungsstarken Bosch Performance CX Cargo Line Motor, über das enviolo-AUTOMATIQ-Getriebe und die Magura-Scheibenbremsen bis hin zur SUPERNOVA-Lichtanlage bietet das Ca Go FS200 alles für einen sicheren, langlebigen und einfachen Betrieb.

Auch wenn für das Ca Go Team aus hochrangigen Experten der Fahrrad- und Automobilindustrie bei der Entwicklung Sicherheitsaspekte klar im Vordergrund standen, überzeugt Ca Go auch in Fragen des Produktdesigns. Dies belegen nicht zuletzt zahlreiche Auszeichnungen, die das junge Unternehmen seit seiner Gründung entgegennehmen durfte – darunter der Focus E-Bike Design & Innovation Award 2019, der German Design Award 2021 und der Red Dot Design Award 2022. Besonders überzeugen kann Ca Go als innovative Neuentwicklung im Bereich der E-Mobilität, was auch der German Innovation Award 2021 in der Kategorie „E-Mobilität" unterstreicht.

DATEN UND FAKTEN

PRODUKTE
innovative E-Lastenräder
auf höchstem Ausstattungs- und Sicherheitsniveau

STANDORT
Koblenz

GRÜNDER
Franc Arnold und Thorsten Michel
(2018, Koblenz)

INHABER
Franc Arnold und Thorsten Michel

MITARBEITER
ca. 40 (2022)

VERTRIEB
Händler- und Partnervertrieb,
DACH-Region

WEBSITE
cagobike.com

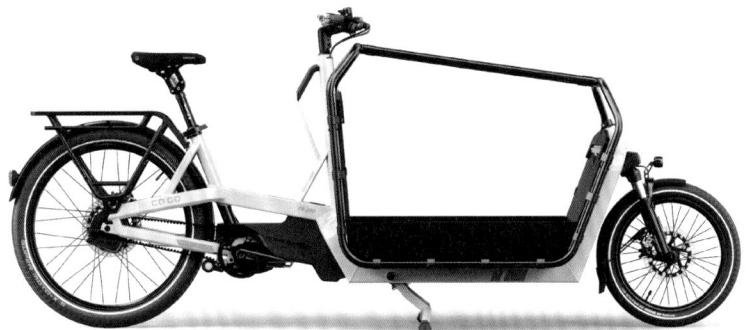 

Das FS200 Vario Aktionsmodell „Open-Pro" und das FS200 Life Aktionsmodell „Family-Plus".

MÜHLE

HANDGEFERTIGTE ACCESSOIRES
FÜR DIE GEPFLEGTE RASUR

Von seinem Firmensitz im sächsischen Erzgebirge aus hat sich die Marke MÜHLE zu einem weltweit führenden Anbieter exklusiver Accessoires für die Nassrasur entwickelt.

In einer Waschküche fertigte Otto Johannes Müller 1945 seinen ersten Rasierpinsel mit dem Markennamen MÜHLE an. Seit dieser Zeit befindet sich der Firmensitz in der Gemeinde Stützengrün im sächsischen Erzgebirge. Noch immer werden dort hochwertige Produkte rund um die Rasur handwerklich gefertigt, inzwischen unterstützt von moderner Technologie. Das Bürstenmachen hat Tradition in der Region, deshalb verfügen die Mitarbeitenden über viel Know-how und Fingerspitzengefühl für ihr Handwerk. So konnte sich MÜHLE zu einem weltweit führenden Anbieter hochwertiger Accessoires für die Nassrasur entwickeln. Doch bis dahin war es ein langer Weg ...

Nach dem Tod des Gründers übernahm sein Sohn Hans-Jürgen Müller 1965 das Familienunternehmen. Sieben Jahre später war die Firma von der großen Enteignungswelle in der DDR betroffen – erst mit der Wende erhielt Müller sie zurück. In den darauffolgenden Jahren kämpfte er um das wirtschaftliche Überleben, stellte sein Unternehmen neu auf und etablierte die Marke erfolgreich. Seit 2008 leiten die Brüder Andreas und Christian Müller das Unternehmen in dritter Generation. Im Jahr 2014 wurde der MÜHLE Store in Berlin eröffnet, vier Jahre später folgte ein Showroom in London. Darüber hinaus engagiert sich die Familie im „Verein deutscher Manufakturen" für die Wertschätzung und den Erhalt der Manufakturarbeit.

Als weltweite Innovation brachte MÜHLE die langlebigen „Silvertip Fibre" auf den Markt. Diese synthetisch produzierten und pflegeleichten Fasern trocknen rascher als jedes Naturmaterial. An den Spitzen sind sie besonders weich, zugleich sorgt der festere untere Pinselbereich für einen angenehmen Massageeffekt. Wie alle Produkte von MÜHLE entstehen sie in großer Handwerkskunst, verbunden mit industrieller Präzision, besten Materialien und einem konsequent nachhaltigen Handeln.

Mittlerweile gibt es viele Klassiker im erlesenen Programm. Ergänzt wird es durch neue Designs mit einem hohen ästhetischen Anspruch. Dazu zählt die Serie „Hexagon" by Mark Braun, die Serie „Hexagon" by Mark Braun, die 2017 den Red Dot Award und 2018 den German Design Award erhielt. 2021 wurde der erste Unisex-Rasierhobel „Companion" gelauncht. Als aktueller Bestseller des Sortiments ermöglicht er das „plastikfreie" Rasieren von Körper und Gesicht – eine Methode, die auch immer mehr Frauen zu schätzen wissen.

Bei der Weiterentwicklung seines Portfolios lässt sich MÜHLE von externen Designern, Trends und Kooperationspartnern wie den Marken Herr von Eden oder der Porzellan-Manufaktur Meissen inspirieren. Im Zentrum steht der Anspruch, Produkte von hervorragender Designqualität zu schaffen, die in jeder Hinsicht nachhaltig sind – beginnend bei der ressourcenschonenden Produktion mit Ökostrom und regionalen Lieferketten über den CO_2-neutralen Versand bis hin zu Reparaturen und Recycling. Diese Werte sind prägend für das Handeln der Marke und werden es auch in Zukunft bestimmen.

DATEN UND FAKTEN

PRODUKTE
handgefertigte Accessoires für die Nassrasur

STANDORTE
Stützengrün im Erzgebirge, Stores in Berlin und London

GRÜNDER
Otto Johannes Müller
(1945, Stützengrün)

INHABER
Familienunternehmen in
3. Generation, Christian und
Andreas Müller

MITARBEITER
75 (2022)

VERTRIEB
über Distributionspartner weltweit

WEBSITE
muehle-shaving.com

Credit: Mirko Hertel

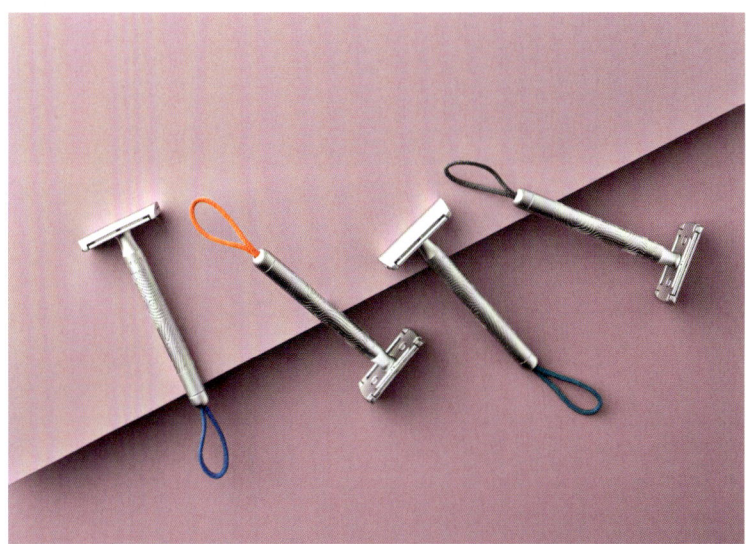

AXENT Switzerland

SANITÄRTECHNIK

Das Badezimmer verbindet wie kaum ein zweiter Raum im Haus die Aspekte Funktionalität, individueller Geschmack und modischer Zeitgeist. Besonders hervorgetan hat sich dabei die Schweizer Firma AXENT: Sie vereint innovative Technologie mit einzigartigem Design.

Seit der Gründung 2008 hat sich die AXENT-Gruppe zu einem weltweit führenden Hersteller von Sanitärtechnik entwickelt. Das Produktportfolio des Unternehmens aus Rapperswil-Jona im Schweizer Kanton St. Gallen umfasst innovative Spitzentechnologie für Dusch-WCs, hochwertige Sanitärkeramik, Duschsysteme und Badarmaturen sowie innovative Leistungstechnologie für Badezimmerprodukte.

Bereits mit der Namensgebung betonen die Gründer die eigene Unternehmensphilosophie: Der Markenname AXENT ist als Homofon zum Adjektiv „exzellent" zu verstehen und damit ein unmissverständliches Statement zu den eigenen Qualitätsansprüchen.

AXENT kombiniert umfassende Branchenkenntnis mit unbändiger Neugier auf die Zukunft. 600 Ingenieure in Forschung und Entwicklung betrachten das Badezimmer aus immer neuen Perspektiven und verschieben die Grenzen des Machbaren. Über 3.200 Mitarbeiter tragen die Vision der AXENT-Gruppe mit, der innovativste und zuverlässigste Anbieter von Sanitärtechnik weltweit zu werden. Nicht zuletzt deshalb eröffnete AXENT eine Niederlassung in den USA und eine Basis in der Schweiz für Europa und den Mittleren Osten – beste Voraussetzungen, um Kundenbeziehungen zu stärken und die globale Reichweite zu erweitern.

Zusammen mit den Designern Matteo Thun, Antonio Rodriguez und Arthur Eisenkrein glaubt AXENT an das Prinzip, aus Komplexität Einfachheit zu machen. Perfektion ist nicht, wenn man nichts mehr hinzuzufügen hat, sondern wenn man nichts mehr wegnehmen kann. Dies spiegelt sich auch und vor allen Dingen im preisgekrönten Dusch-WC AXENT.Meta wieder, das sich perfekt in jedes Badezimmer einfügt.

Dieses neue Dusch-WC steckt voller innovativer Ideen, patentierter Technologien und innovativer Details. Ausgestattet mit der neuesten AXENT.Infinity-Spültechnologie ist der Wasserverbrauch spürbar niedriger und der Geräuschpegel deutlich leiser als bei herkömmlichen Toiletten. Durch das spezielle Scharnierdesign müssen Sie Sitz und Deckel nicht mehr demontieren, um die Keramikoberfläche zu reinigen. Die Düse ist aus Edelstahl und versprüht Wasser, das mit sauerstoffreichen Bläschen angereichert wird für ein sanftes, erfrischendes und hautfreundliches Duschgefühl.

Beim charakteristischen AXENT-Design, geprägt von elegant geschwungenen Linien und einer harmonischen Oberfläche, verwischen die Grenzen zwischen Dusch-WC und Designobjekt.

AXENT Switzerland gewinnt seit 2012 immer wieder hochkarätige internationale Auszeichnungen und überzeugt Top-Kunden, Architekten und Designer durch die perfekte Kombination von Technologie und Design.

DATEN UND FAKTEN

PRODUKTE
Dusch-WCs, Sanitärkeramik, Duschsysteme, Badarmaturen, Leistungstechnologie für Badezimmerprodukte

STANDORTE
Schweiz (Basis), USA, China

GESCHÄFTSFÜHRER
Daniel Grob

MITARBEITER
3.250 (2022)

VERTRIEB
Europa, Mittlerer Osten, Asien und Amerika

WEBSITE
axentbath.eu

Kann gute Gestaltung die Krisenfestigkeit von Unternehmen oder gar ganzer Wirtschaftszweige erhöhen?

LUTZ DIETZOLD

Oventrop

GEBÄUDE- UND
HAUSTECHNIK

Oventrop ist der Partner für effizientes Wärmen, Kühlen und sauberes Trinkwasser. Mit den modularen Systemen und Services des seit 1851 inhabergeführten Familienunternehmens arbeiten alle SHK-Profis einfach und flexibel – denn sie können die wegweisenden Lösungen je nach Anforderung kombinieren.

Gegründet wurde das Unternehmen 1851 von Arnold Oventrop als „Arnold Oventrop & Co. Messing- und Broncewarenfabrik zu Altena". Die Fabrik stellte Messingwaren für die Gebäudeausstattung her. Das Traditionsunternehmen steht mittlerweile in der sechsten Generation für Kompetenz und absolute Nähe zum Kunden.

Kompetent (führend bei Hydrauliksystemen und Trinkwasserhygiene), wegweisend (wir setzen Standards durch Innovationen) und vor allem persönlich (wir sind unseren Kunden so nah wie kein anderer). Oventrop setzt Standards durch Innovationen und ist Kompetenzführer bei Hydrauliksystemen und Trinkwasserhygiene. Beispielsweise setzt die wegweisende Wohnungsstation „Regudis W-HTE" in Bezug auf die hydraulischen Kennzahlen derzeit Maßstäbe für eine effiziente und klimaschonende Energieverteilung im Haus. Neben Highlights zum hydraulischen Abgleich wie dem AQ-Ventil hält Oventrop eine Vielzahl an aktiven Patentfamilien.

Die wichtigsten und bekanntesten Produkte sind im Bereich Raumklima die Uni-LH-Thermostate, im Bereich hydraulischer Abgleich die Hydro-Control-Strangarmaturen sowie die Regudis-Wohnungsstationen. Mit diesen innovativen modularen Produkten und Services treibt Oventrop die Energietransformation voran und trägt damit aktiv zu den Klimazielen bei. Alle Produkte sind von langlebiger Qualität, einfach zu installieren, energiesparend und lassen sich weltweit zu flexiblen Systemen verbinden.

Optisch setzt das Unternehmen auf einheitliche, differenzierende und somit unverwechselbare Markencodes. Durch Logo, Superzeichen, die Farbe Cyan und auch eine archetypische Gestaltung besitzen Oventrop-Produkte ein markentypisches Design. Diese Strategie zahlt sich aus: Kein anderes Unternehmen der Heizungsarmaturen-Branche hat bisher mehr Auszeichnungen erhalten.

Wie viele Mittelständler steht auch Oventrop vor aktuellen globalen Herausforderungen wie Digitalisierung und Nachhaltigkeit. 2018 startete das Unternehmen ein groß angelegtes Marken-Relaunch-Projekt (Recreate), um den veränderten Rahmenbedingungen im Markt nicht nur gerecht zu werden, sondern diese mit Blick in die Zukunft als Chance zu nutzen. Die Marke wurde umfassend und ganzheitlich neu ausgerichtet – in ihren Produkten und Services, ihrem Design, bei Kommunikation und Markenverhalten. Zudem treibt man Digitalisierung, Internationalisierung sowie nachhaltiges Handeln voran. Zur Sicherung der deutschen Standorte und Lieferketten sowie der langfristigen Wettbewerbsfähigkeit hat man zwei zusätzliche internationale Produktionsstandorte aufgebaut.

Eine ganz entscheidende Rolle spielt bei Oventrop auch der „Faktor Mensch". Zur Steigerung der Wettbewerbsfähigkeit soll mehr denn je Wert auf die Unternehmenskultur gelegt werden. Eine höhere Arbeitgeberattraktivität soll dem Unternehmen Fachkräfte und im Sauerland Arbeitsplätze sichern (be resilient). Für den erfolgreichen internationalen Marken-Relaunch erhielt Oventrop 2021 mit dem German Brand Award in Gold und dem German Brand Award in der Kategorie „Brand Revival of the Year" zwei begehrte Auszeichnungen.

DATEN UND FAKTEN

PRODUKTE
Produkte für den Bereich Wärmen, Kühlen und sauberes Trinkwasser, zum Beispiel Thermostate, hydraulische Regler und Wohnungsstationen

STANDORTE
weltweit zahlreiche Vertretungen und acht Tochtergesellschaften, u. a. in Frankreich, Großbritannien, Polen, den USA und China

GRÜNDER
Arnold Oventrop (1851, Altena)

INHABER
Familien Rump und Fähnrich. Geschäftsführende Gesellschafter sind Jochen Fähnrich (seit 2010) und Johannes Rump (seit 2017).

MITARBEITER
ca. 1.000 im Inland, ca. 200 im Ausland (2022)

VERTRIEB
In Deutschland wird dreistufig über den Großhandel vertrieben (B2B), in anderen Ländern, z. B. China, gibt es einen Direktvertrieb (B2C).

WEBSITE
oventrop.com

WIR REGELN DAS.
SEIT 1851.

Links: Mit ihrem eigenständigen, puren Design fügen sich die ClimaCon-F-Raumthermostate in jede Umgebung ein. Rechts: Regudis-W-HTE-Wohnungsstationen lassen sich modular erweitern und machen den Betrieb von Wärmepumpen noch effizienter.

Festo

AUTOMATISIERUNGSTECHNIK UND TECHNISCHE AUS- UND WEITERBILDUNG

Ursprünglich 1925 in Esslingen gegründet, entwickelte das Unternehmen Festo in den 1950er-Jahren mit Hilfe der Pneumatik erstmals ein komplettes Produktprogramm für den Maschinen- und Anlagenbau – der Grundstein für das neue Geschäftsfeld Automatisierungstechnik, in dem das unabhängige Familienunternehmen mittlerweile weltweit in vielen Branchen und Industriezweigen erfolgreich ist.

Dauerhaft stellt Festo etwa 33.000 Produkte und Systemlösungen sowie rund 10.000 kundenspezifische Lösungen jährlich zur Verfügung, nicht mitgezählt die einbaufertigen Lösungen und die dazugehörigen Serviceangebote in der Fabrik- und Prozessautomatisierung.

Festo versteht sich als Lernunternehmen, das ständige Weiterbildung und Verbesserung nicht nur selbst lebt, sondern auch eine lebendige und praxisnahe Ausbildungskultur fördert, damit die Kunden und Partner zukunftsfähig und immer am Puls der Zeit sind.

1965 wurde das Geschäftsfeld Lehrmittel und Seminare aufgebaut. Seither entwickelt Festo Didactic Lernsysteme, Training und Consulting für Industrieunternehmen und für die Berufsausbildung in Deutschland. Mittlerweile bietet Festo Didactic modernste Qualifizierungslösungen für rund 56.000 Industrieunternehmen und Bildungseinrichtungen in aller Welt.

Um die Produktivität in der Fabrik- und Prozessautomatisierung für seine Kunden zu maximieren, erarbeitet Festo Tag für Tag neue Lösungen. Entscheidend für den Erfolg ist dabei nicht nur die richtige Technologie, sondern auch das Wissen um Märkte, Trends und relevante Branchenthemen. Seine Expertisen bietet Festo ganz persönlich und nahbar in den Festo Experience Centern (FECs) – Orte für Austausch, Fragen, das gemeinsame Entwickeln neuer Ansätze oder das Testen von Ideen.

Das Familienunternehmen legt großen Wert auf seine Unabhängigkeit und auf langfristiges Denken und Handeln, was sowohl den Mitarbeitenden als auch den Kunden, Partnern und Lieferanten Sicherheit gibt. Innovation ist wichtiger Teil der Firmentradition, denn die Anforderungen der Branche wandeln sich ständig. 7 Prozent des jährlichen Umsatzes fließen in die Forschung und Entwicklung.

Die Forschungsansätze und -projekte liegen meist in den Bereichen Biologisierung, künstliche Intelligenz und Digital Engineering. Beispielsweise forscht man daran, tierische in maschinelle Fortbewegung zu übersetzen. In der Robotik sollen Cobots (kollaborative Roboter) Arbeitnehmer bei kräftezehrenden oder monotonen Aufgaben entlasten und Arbeit leichter und gesünder machen. Mit der neuen PhotoBionicCell lassen sich im geschlossenen Kreislauf Biomassen kultivieren – ein Ansatz zur klimaneutralen Produktion vieler Ausgangsmaterialien für diverse Branchen.

Das Unternehmen arbeitet daran, in den kommenden Jahren klimaneutral zu werden, und möchte mit seiner Forschung und mit intelligenten Lösungen zu Energieeffizienz und CO_2-Neutralität einen entscheidenden Beitrag zur Verbesserung der Lebensqualität heutiger und kommender Generationen leisten.

DATEN UND FAKTEN

PRODUKTE
Fabrikautomation, Prozessautomation, LifeTech Automation, Digitalisierung, Automatisierung, Training & Consulting, Technische Bildung

STANDORTE
über 250 Niederlassungen in 61 Ländern, autorisierte Vertretung in weiteren 40 Ländern, Service in 176 Ländern

GRÜNDER
Gottlieb Stoll (1925, Esslingen)

MITARBEITER
20.700 weltweit (2021)

VERTRIEB
Australien, Afrika, Amerika, Asien, Europa
Distribution erfolgt über Direktvertrieb und über Festo-Official-Partner (Händler)

WEBSITE
festo.com

Fette Compacting

MASCHINENBAU

Der Markt für Medikamente und Nahrungsergänzungsmittel boomt weltweit. Als Hersteller von Maschinen und Werkzeugen für die Tablettenherstellung trägt Fette Compacting mit innovativen Lösungen zum Erfolg der Branche bei.

Die Menge der verschriebenen wie auch nicht verschreibungspflichtigen Medikamente steigt seit Jahren kontinuierlich. Hinzu kommt eine wachsende Zahl an Nahrungsergänzungsmitteln. Die klassische Tablette zählt dabei zur beliebtesten Verabreichungsform, da sich diese durch ihre vielseitige Nutzbarkeit, Haltbarkeit und eine unkomplizierte Handhabung auszeichnet – beim Hersteller genauso wie beim Händler und beim Anwender.

Seit der Entwicklung der ersten Tablettenpresse im Jahr 1948 hat sich die Marke Fette Compacting mit mehr als 5.000 installierten Maschinen zu einem der weltweit führenden Anbieter von Tablettenpressen in der Pharmaindustrie entwickelt. Ab Werk in Schwarzenbek bei Hamburg liefert Fette Compacting darüber hinaus moderne Tablettierwerkzeuge und Prozess-Equipment in die ganze Welt und steht seinen Kunden mit Service-, Trainings- und Beratungsdienstleistungen zur Seite.

Mit Jahrzehnte langer Erfahrung hat Fette Compacting die Branche maßgeblich geprägt. Mit der Einführung der Schnellläufer-Tablettenpresse P2000 im Jahr 1970 und der weltweit ersten computergesteuerten Tablettenpresse PT2080 sowie zahlreichen technisch revolutionären Neu- und Weiterentwicklungen hat das Unternehmen einen entscheidenden Beitrag zur effizienten und sicheren Tablettenproduktion geleistet. Dabei gilt den Themen „Containment" und „Continuous Manufacturing" bei der Enwicklung neuer Systemlösungen besonderes Augenmerk. Anlagen von Fette Compacting ermöglichen erstmals kontinuierliche Produktionsverfahren mit kompakten, modular installierten und einfach zu bedienenden Anlagen. Die Ergebnisse sind eine optimierte Anlagenarchitektur und eine Vereinfachung der gesamten Prozesskette – wichtige Voraussetzungen für hohe Produktionsleistung bei gleichzeitig moderaten Investitions- und Personalkosten sowie deutlich geringerem Platzbedarf.

Als Unternehmen in Familienbesitz denkt und handelt Fette Compacting seit Generationen sozial, ökologisch und gesellschaftlich verantwortungsvoll und setzt auf Synergieeffekte zwischen wirtschaftlichen Zielen und Nachhaltigkeit. So wurde das Unternehmen im Jahr 2021 beispielsweise mit dem EcoVadis-Label in Silber ausgezeichnet.

Mit der neuen Geschäftseinheit OSDi setzt das Unternehmen auf smarte Tools zur weiteren Produktionsoptimierung, welche sich auf die wichtigsten Herausforderungen der OSD-Produzenten fokussieren: Operate, Maintain, Train. Mithilfe digitaler Lösungen können Wissen und Daten zielgerichtet genutzt werden. In enger Zusammenarbeit mit den Kunden entwickelt Fette Compacting lösungsorientierte Anwendungen für eine effiziente Optimierung der Tablettenproduktion.

DATEN UND FAKTEN

PRODUKTE
Tablettenpressen, Tablettierwerkzeuge, Prozess-Equipment sowie die entsprechenden Service-, Trainings- und Beratungsleistungen

STANDORTE
Schwarzenbek bei Hamburg (Stammsitz), Nanjing / China (Technologie- und Produktionsstandort), Kompetenzzentren und Tochtergesellschaften weltweit

GRÜNDER
Wilhelm Fette
(1908, Hamburg-Altona)

GESCHÄFTSFÜHRUNG
Joachim Dittrich (CEO) und
Anke Fischer (CFO)

MITARBEITER
LMT Group ca. 1.800
(2021, an mehr als
20 Standorten der LMT Group)

VERTRIEB
weltweite Direktvertriebe
aus Schwarzenbek und China

WEBSITE
fette-compacting.com

EFFIZIENT FÜR PHARMA UND NUTRITION

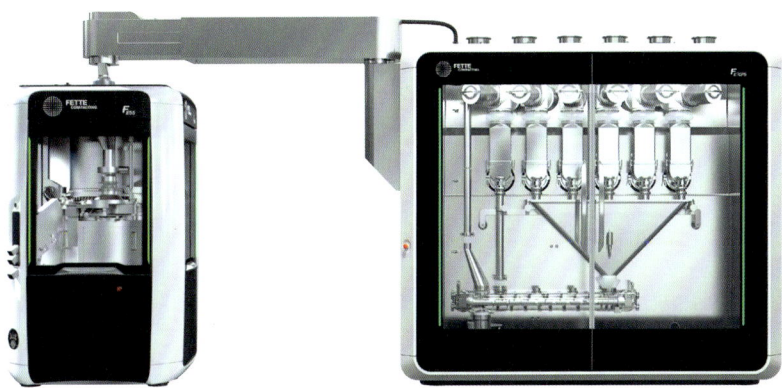

Die FE CPS ist die modernste Lösung am Markt für das kontinuierliche Dosieren und Mischen von Rohstoffen, einschließlich der Förderung und Zuführung der hochwertigen Mischung zu allen nachgeschalteten Pulververarbeitungsanlagen.

mawa

DESIGN- UND SYSTEMLEUCHTEN,
INDIVIDUALISIERTE LEUCHTEN
UND LICHTPLANUNG

Mit seinen visionären Leuchtensystemen setzt mawa seit Jahrzehnten Maßstäbe für die Lichtbranche. Das Unternehmen ist ein Vorbild in Sachen Designqualität und nachhaltiger Fertigung.

Credit: Martin Tervoort

Seit über 40 Jahren realisiert mawa höchst anspruchsvolle Licht- und Leuchtenlösungen für Baudenkmäler, Kunstausstellungen sowie bedeutende Architekturprojekte. Zudem sind die Leuchten des Herstellers aus der brandenburgischen Gemeinde Seddiner See in renommierten Sammlungen wie der des Museum of Modern Art in New York vertreten. Das fundierte Designverständnis des Unternehmens zeigt sich in der exzellenten Verarbeitung seiner Produkte, in technischer Raffinesse und in den mittlerweile 27 eigenen Designschutz-Eintragungen. Alle Leuchten von mawa sind Originale, die von der ersten Skizze bis zum serienreifen Produkt am Seddiner Standort entwickelt und gefertigt werden. Das internationale Team arbeitet mit einem hochmodernen Werkzeug- und Maschinenpark. Um die firmeneigene Lichtplanung präzise umsetzen zu können, montieren Mitarbeitende die Leuchtensysteme direkt im Gebäude.

Der Firmenname mawa besteht aus den jeweils ersten zwei Buchstaben des Namens von Martin Wallroth, der das Unternehmen 1977 in Berlin-Kreuzberg gründete. Als Visionär im Leuchtendesign und in der Umsetzung technisch anspruchsvoller Systemleuchten war er jahrzehntelang prägend für sein Unternehmen, das zahlreiche internationale Designpreise erhielt. In den Anfängen nahmen die Entwürfe von mawa oftmals eine Vorreiterrolle ein. Bereits ab den 1980er-Jahren kooperierte der Hersteller mit namhaften Designerinnen und Designern. Über das Standardprogramm hinaus begann er früh damit, individuell gefertigte Leuchten zu realisieren – zum Beispiel für das Bundeskanzleramt, das Wirtschaftsministerium, das Corbusierhaus sowie das Maxim-Gorki-Theater in Berlin oder das Lutherhaus in Wittenberg. 2002 folgte eine strategische Neuausrichtung, der Fokus liegt seitdem auf Design- und Systemleuchten. Im Jahr 2021 wurde mawa von Martin Wallroth in den Verbund der PROLED GROUP übergeben. Heute sind Peter Gawlik und Christian von Sassen für die Geschäftsführung und Ausrichtung des Unternehmens verantwortlich.

Als wichtigstes Produkt sieht mawa „wittenberg 4.0" – keine andere Leuchtenserie sei variantenreicher und leichter zu individualisieren. Im Zuge der vierten Generation des multifunktionalen Lichtkopfes wurde sie technisch weiterentwickelt und formal überarbeitet. Das Ergebnis ist ein reduziertes Leuchtenvolumen mit einem schlichten und filigranen Design, das noch mehr gutes Licht bietet. So sparen die kompakten Maße von „wittenberg 4.0" wertvolle Zentimeter ein, die den feinen Unterschied bei der Qualität architektonischer Gestaltung und optimaler Lichtplanung ausmachen. Dort, wo der Strahler als Gestaltungsmittel eingesetzt wird, überzeugt er durch sein klares, ästhetisches Gehäuse, das ohne sichtbare Kabel und Schrauben auskommt.

Für alle, die gutes Licht lieben und verstehen wollen, möchte sich mawa als Partner weiter etablieren. Aus diesem Grund entwickelt sich das Unternehmen zu einem qualitativ hochwertigen Serienfertiger von technisch-funktionalem sowie dekorativ anspruchsvollem Licht. Innovation und professionelle Fertigung stehen dabei an erster Stelle. Am Markt behauptet sich mawa erfolgreich durch die Modernisierung seiner Systeme für Produktion, Logistik und Montage sowie die Fokussierung auf ein europäisches Netzwerk von Lieferunternehmen. Kurze Transportwege sowie das Wissen um die Herkunft von Bauteilen und Komponenten sind dem Lichtspezialisten wichtig. Bei der Entwicklung neuer Produkte werden Upcycling und Reparaturen gleich mit bedacht. Alles zusammen soll das Unternehmen noch nachhaltiger machen.

Es geht nicht nur darum, die eigene Produktion und das eigene Handeln neu zu denken, zu verändern und zukunftsfähig zu machen; vielmehr hinterfragt sich mawa immer wieder aufs Neue, um „one step smarter" in die Zukunft zu schreiten.

DATEN UND FAKTEN

PRODUKTE
Design- und Systemleuchten, individualisierte Leuchten und Lichtplanung

STANDORTE
Seddiner See (Produktion) und Michendorf (Verwaltung), Brandenburg

GRÜNDER
Martin Wallroth
(1977, Berlin-Kreuzberg)

INHABER
PROLED GROUP

MITARBEITER
67 (2022)

VERTRIEB
weltweit, vor allem in Deutschland, Österreich, Schweiz, Italien, Griechenland über den Fachhandel und Projektleitende aus Architektur, Lichtplanung und Innenarchitektur

WEBSITE
mawa-design.de

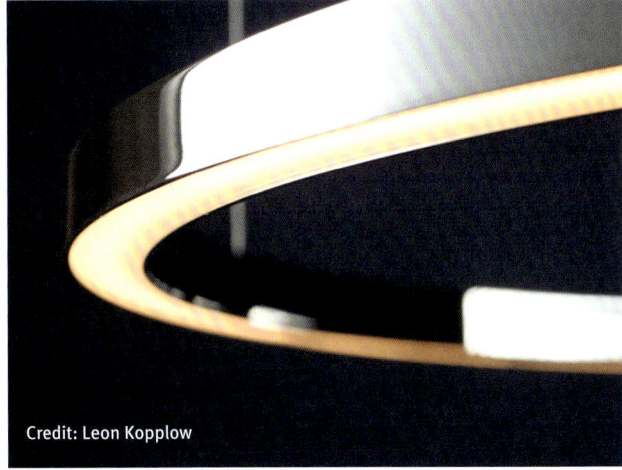

Credit: Leon Kopplow

Credit: Leon Kopplow

SLOWLI Concept

INTERIOR / MÖBEL UND ACCESSOIRES

Das eigene Zuhause ist für die meisten Menschen der wichtigste Rückzugsort. Mit nachhaltig produzierten Möbeln und Wohnaccessoires aus natürlichen Materialien gestaltet SLOWLI Concept aus den eigenen vier Wänden echte Wohlfühlorte.

ACHTSAM WOHNEN UND NACHHALTIG LEBEN

Nicht überraschend: Statistisch betrachtet verbringt der Mensch den größten Teil seiner Zeit zu Hause. Tatsächlich zeigen aktuelle Untersuchungen, dass die in den eigenen vier Wänden verbrachte Zeit in den letzten Jahren deutlich zugenommen hat. Entsprechend groß ist die Bedeutung des heimischen Umfelds für das Wohlbefinden. Gleichzeitig beginnen Nachhaltigkeit und Umweltschutz nicht erst vor der eigenen Haustür, sondern vielmehr dahinter. SLOWLI Concept aus Südtirol verbindet diese beiden Aspekte des Wohnens – das Bedürfnis nach einem wohltuenden Rückzugsort und das Interesse an einem verantwortungsbewussten Umgang mit der Umwelt – durch die Herstellung natürlicher und nachhaltiger Möbel und Wohnaccessoires.

Die Sehnsucht nach mehr Nachhaltigkeit im Wohnen, das Interesse am Slow Living und die Liebe zum Detail sowie zur eigenen Heimat Südtirol motivierten die Interior-Designerin Angelika Frenademetz im Jahr 2020 zur Gründung von SLOWLI Concept. Seither entwirft das junge Start-up-Unternehmen Möbel und Accessoires, deren erklärtes Ziel es ist, die ländliche Idylle in die Stadt zu bringen.

Massivholzmöbel, Wolldecken und -kissen sowie Keramikteller aus dem SLOWLI Concept Interior Design Studio werden nach traditionellem Handwerk hergestellt. Dabei entstehen langlebige, auf Wunsch maßgefertigte Produkte, wie beispielsweise Schlafzimmermöbel, Holzbetten und Zirbenbetten für ein Wohlbefinden im Schlafzimmer, aus natürlichen regionalen Rohstoffen – Textilien, Keramik, Holz und Wolle von Südtiroler Schäfern – sowie aus recycelten Materialien.

Das Akronym SLOW fügt SLOWLI Concept aus den Hauptaspekten des eigenen Verständnisses von Nachhaltigkeit zusammen: „Sustainable, Local, Organic, Whole" beschreibt, wie die Gründerin ihre eigene nachhaltige Slow-Living-Philosophie umsetzt.

In Zusammenarbeit mit lokalen Manufakturen, sozialen Werkstätten und selbstständigen Künstlerinnen und Designern stellt SLOWLI Concept Möbelstücke und Accessoires in echter Handarbeit her – nachhaltig, minimalistisch, achtsam. Natur und Design sind dabei immer im Einklang, für bewusstes Wohnen und ein Zuhause zum Ankommen.

Nachhaltig sind Produkte von SLOWLI Concept vor allen Dingen durch ihre Widerstandsfähigkeit und Langlebigkeit. Dieser Qualitätsaspekt macht Möbelstücke und Accessoires zu langjährigen Begleitern, die durch den Einsatz von recycelten Rohstoffen auf ein noch längeres Leben zurückblicken können. Dabei möchte SLOWLI Concept nicht nur durch Qualität überzeugen, sondern Lieblingsstücke anbieten, mit denen sich Kundinnen und Kunden ganz bewusst gegen ein schnelllebiges Konsumverhalten entscheiden.

Mit dieser Philosophie präsentiert sich SLOWLI Concept als junges Unternehmen mit Wachstumspotenzial. Dass die Südtiroler auf dem richtigen Weg sind, bescheinigen ihnen auch Auszeichnungen wie der German Design Award 2022 in der Kategorie „ECO-Design" oder die Wahl zum Green Product Award Winner 2022.

DATEN UND FAKTEN

PRODUKTE
Nachhaltige Möbel und Accessoires

STANDORT
Bozen, Südtirol

GRÜNDERIN/INHABERIN
Angelika Frenademetz (2020)

MITARBEITER
weniger als 5 (2022)

VERTRIEB
Direktvertrieb über den Online-Shop und Wiederverkäufer

WEBSITE
slowliconcept.com

Credit: Alex Moling

bullmer

ZUSCHNITTLÖSUNGEN FÜR
DAS TEXTILVERARBEITENDE
GEWERBE

Seit über 60 Jahren produziert bullmer Spezialmaschinen zum Zuschneiden von Textilien. Als Komplettanbieter hat das Unternehmen in der Branche einen entscheidenden Vorteil.

Von Modetextilien und Polsterstoffen über Teppiche bis zu Schaumstoff und Composite-Materialien: bullmer ist ein innovativer Maschinenbauer, der als Komplettanbieter alle für die Zuschnitt- und Legetechnologie notwendigen Maschinen entwickelt und produziert. Eine der wesentlichen Stärken des Unternehmens liegt im Sondermaschinenbau sowie in der Herstellung ganzer Systemlinien für die Verarbeitung von Textilien und flexiblen Materialien. Im internationalen Vergleich gibt es keinen Wettbewerber, der eine ähnliche Produkttiefe aufweisen kann. Das Portfolio des Maschinenbauunternehmens aus dem baden-württembergischen Mehrstetten umfasst Einzellagen- und Hochlagencutter, Legemaschinen, Materialhandling, CAD, eigene Fertigung sowie Consulting für das textilverarbeitende Gewerbe. Das derzeit wichtigste Produkt ist der Einzellagencutter „Premiumcut ELC".

Karl Bullmer gründete seine Firma 1933 als Metallwerk, das in Mehrstetten auf der Schwäbischen Alb produzierte. Ende der 1950er-Jahre begann die Serienfertigung von Abschneide- und Legevorrichtungen. In den Folgejahren wurde das Programm immer mehr ausgeweitet und bereits 1975 in über 60 Ländern vermarktet. Heute besitzt bullmer die Rechte an mehr als 100 Patenten und beschäftigt erfahrende Mitarbeiter, die schon lange im Unternehmen tätig sind. Darüber hinaus sorgt der Ausbildungsbetrieb für den eigenen qualifizierten Nachwuchs, um auch in Zukunft erfolgreich produzieren zu können.

Nach wie vor bietet bullmer die gesamte Produktpalette der Prozesskette „textiler Zuschnitt für biegeschlaffe Teile" in vielen Industriebereichen an. Darüber hinaus fertigt das Unternehmen Bereitstellungssysteme mit unterschiedlichen Beladeeinrichtungen und Legevorrichtungen sowie Systeme für Transport und Zuschnitt mit entsprechender Software für das Handling und die Bearbeitung textiler Materialien. Durch seine fortschrittlich arbeitende Vertriebs- und Entwicklungsabteilung ist bullmer in der Lage, dynamisch auf neue Marktanforderungen und spezielle Kundenwünsche einzugehen. So werden individuell abgestimmte Zuschnittsysteme für einen optimalen Fertigungsprozess beim Kunden erstellt. Auf diese Weise können auch spezifische Anforderungen für neue Märkte schnell erfüllt und eingeführt werden.

Der Trend, im textilverarbeitenden Gewerbe zu europäischen Produktionsstandorten zurückzukehren, kommt dem Traditionsunternehmen bullmer zugute. Denn die nachhaltige und effiziente Produktion der hoch spezialisierten Maschinen findet mit großem Erfolg noch immer ausschließlich auf der Schwäbischen Alb statt. Kein Wunder, dass der Hersteller optimistisch in die Zukunft blickt.

DATEN UND FAKTEN

PRODUKTE
Zuschnittlösungen für das textilverarbeitende Gewerbe

STANDORT
Mehrstetten, Schwäbische Alp

GRÜNDER
Karl Bullmer (1933, Mehrstetten)

INHABER
New Jack Sewing Machine, China

MITARBEITER
150 (2022, in Deutschland)

VERTRIEB
weltweit

WEBSITE
bullmer.de

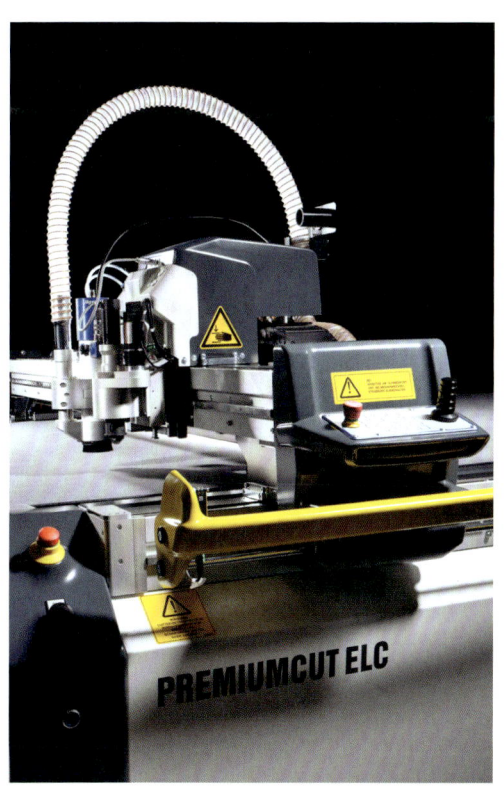

Siemens

TECHNOLOGIEN FÜR INDUSTRIE,
INFRASTRUKTUR, MOBILITÄT UND GESUNDHEIT

Als fokussiertes Technologieunternehmen verbindet Siemens reale und digitale Welten – und hilft so seinen Kunden, ihre Industrien und Märkte zu transformieren und damit den Alltag für Milliarden von Menschen zu verbessern.

SIEMENS XCELERATOR

Accelerate your digital transformation

Ein Berliner Hinterhof vor 175 Jahren: Dort beginnt am 12. Oktober 1847 die Geschichte eines Unternehmens, das nicht nur Technikgeschichte schreiben sollte, sondern auch den Alltag von Milliarden von Menschen in der ganzen Welt revolutionieren wird. Die Siemens AG – ein Technologieunternehmen mit Fokus auf die Felder Industrie, Infrastruktur, Mobilität und Gesundheit – von ressourceneffizienten Fabriken, intelligenten Gebäuden und Stromnetzen über emissionsarme Züge bis hin zu einer fortschrittlichen Gesundheitsversorgung. Dabei beginnt alles ganz klein, als Start-up. Bis Mitte des 19. Jahrhunderts können Nachrichten nur auf traditionellem Weg übermittelt werden, zum Beispiel mithilfe optischer Telegrafen, per Postreiter oder Postkutsche. Mit der elektrischen Telegrafie ändert sich dies grundlegend. Werner von Siemens leistet für die Entwicklung der neuen Technik einen wesentlichen Beitrag, indem er technische Mängel in der Konstruktion bestehender elektrischer Telegrafenapparate erkennt – und einen eigenen Zeigertelegrafen entwickelt. Die elektrische Telegrafie steht für die Anfänge der Verdichtung von Raum und Zeit. Sie bringt Menschen zueinander und läutet den Informationsaustausch über Länder und Kontinente hinweg ein. 175 Jahre später ist aus dem Zehn-Mann-Betrieb ein Global Player geworden, der die Innovations- und Technikgeschichte der Zeit weiterhin entscheidend mitprägt. Heute ist der Siemens-Konzern mit einem Jahresumsatz von 62,3 Milliarden Euro im Geschäftsjahr 2021 eines der größten Unternehmen Deutschlands und ein weltweit führendes Technologieunternehmen. Mit technologischen Entwicklungen revolutionierte Siemens die unterschiedlichsten Branchen – und stellt die Weichen für die Zukunft. Im Juni 2022 wurde die offene digitale Business-Plattform Siemens Xcelerator der Öffentlichkeit präsentiert. Mit ihr wird die digitale Transformation beschleunigt und Innovation schneller vorangetrieben. Um die Herausforderungen unserer Zeit – wie zunehmende geopolitische Spannungen, Klimakrise, oder die Pandemie – zu meistern, braucht es ein gemeinsames Ziel, Zusammenarbeit und neueste Technologien. Deshalb umfasst das modulare Portfolio von Siemens Xcelerator Services, Software und IoT-fähiger Hardware von Siemens und zertifizierten Partnern. Dieses Ökosystem wächst stetig und umfasst Partner jeder Größe: von unabhängigen Lösungsanbietern bis hin zu Hyperscalern. Dabei sind die technischen Prinzipien zukunftsweisend: Alle Angebote sind oder werden interoperabel, flexibel, offen, cybersicher und as-a-Service, also als Service verfügbar, gestaltet. Das heißt, das Hardware- und Software-Portfolio wird modularisiert, mit der Cloud verbunden und mit Standard-Programmierschnittstellen versehen, um Kunden, Partnern und Entwicklern die Möglichkeit zu geben, eigene, personalisierte Lösungen zu entwickeln. Hardware kann ständig durch neue Software verbessert und aufgerüstet werden. Damit können Kunden Technologien noch leichter kombinieren, integrieren und adaptieren. Und auf einem sich stetig entwickelnden Marktplatz können Kunden, Partner und Entwickler gemeinsam nach Lösungen suchen, Ideen austauschen, entwickeln und diese schließlich erwerben. So wird digitale Transformation einfacher, schneller und skalierbar. Digitalisierung, Transformation und der Siemens Leitgedanke „Transforming the everyday to create a better tomorrow" spiegeln sich auch in der Kommunikation wider und positionieren Siemens als eine Marke, die Innovation im Wesen verankert hat und den Wandel anführt. Einfache, flexible Grafiken, kundenzentrierte Bilder sowie eine emotionale und engagierende Sprache ziehen sich durch den Auftritt. Eine Kommunikation, die einfach, optimistisch und menschlich ist und auf drei Leitprinzipen aufbaut – Klarheit, Zweck und Wirkung.

Das neue Erscheinungsbild für die digitale Business-Plattform Siemens Xcelerator wurde erstmalig mit dem Launch im Juni sichtbar. Maßgeblich für dieses Erscheinungsbild ist die neue X-Form, basierend auf der grundlegenden Siemens-Xcelerator-Idee: IT trifft OT. Sie steht auch für den Moment der Beschleunigung, wenn die beiden Einheiten zusammenkommen, und schafft so eine plakative, reduzierte Grafik in unterschiedlichen Kombinationen, ein einheitliches Erscheinungsbild über alle Touchpoints hinweg.

DATEN UND FAKTEN

PRODUKTE
technologische Lösungen mit Fokus auf Industrie, Infrastruktur, Mobilität und Gesundheit

STANDORTE
Berlin, München, 125 weitere Standorte in Deutschland, 190 Niederlassungen weltweit

GRÜNDER
Werner von Siemens (1847, Berlin)

INHABER
Aktiengesellschaft

MITARBEITER
305.000 (2021)

VERTRIEB
weltweit

WEBSITE
siemens.com

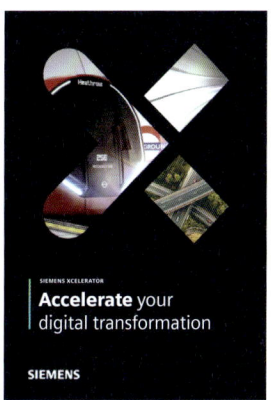
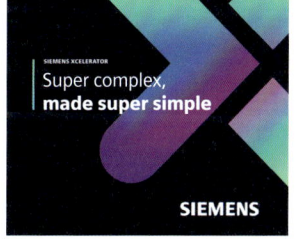

ZWIESEL GLAS

GLASBRANCHE

Sounds like Zwiesel – seit 150 Jahren verschönern Zwiesel-Gläser Festlichkeiten und genussvolle Momente mit edlen Formen und außergewöhnlichem Klang. „Unsere Gläser erkenne ich schon am Klang" – die Aussage eines Zwieseler Glasmachers wurde nicht ohne Grund zum Markenclaim des Traditionsunternehmens, das 2022 sein Firmenjubiläum feiert.

Credit: Ingo Peters

So einige Krisen und Herausforderungen meisterte ZWIESEL GLAS seit der 1872 erfolgten Gründung der Glashütte „Annathal" durch Anton Müller. Besitzverhältnisse, Produktionsstätten und Mitarbeiter unterlagen einem zum Teil turbulenten Wandel. Bis zur Übernahme im Jahre 2001 durch Dr. Robert Hartel und Prof. Dr. Andreas Buske war die Firma jahrzehntelang Teil des Schott-Konzerns. Nun war ZWIESEL GLAS wieder ein Familienunternehmen und mit dem Neustart wurde die Marke neu aufgestellt. Kurz darauf vollführte man durch die Einführung des Tritan® Kristallglases einen Quantensprung in der Kristallglasherstellung. „Wir können Brillanz, wir können Transparenz, Spülmaschinenfestigkeit, Kratzfestigkeit und Design – wir leben Glas. Das trugen wir mit Stolz nach außen und das kam im Markt an", resümiert Andreas Buske, heute alleiniger Geschäftsführer und Inhaber. Die Überzeugung, mit höchster Herstellungs- und Handwerkskunst Weltmarktführer von Glaswaren werden zu können, wurde belohnt. Heute ist ZWIESEL GLAS führend im Bereich gehobene Hotellerie und Gastronomie.

Auch im Design setzte ZWIESEL GLAS Zeichen. Bahnbrechend war die 2005 erschienene Trinkglasserie Pure mit dem markanten „Knick" in der Kuppa, die bis heute ein Bestseller ist. Anlässlich des Jubiläums kreierte man mit dem mehrfach prämierten Designer Sebastian Herkner zwei exklusive Serien – darunter die fünfteilige Serie Journey, deren besondere Stiele die Meilensteine der 150-jährigen Geschichte visualisieren.

Erfolg und Qualitätsansprüche verpflichten. Das Unternehmen geht seit jeher verantwortungsbewusst mit den Ressourcen und der Umwelt um. Nachhaltigkeit ist ein großes Thema, welches sich in jedem Glas widerspiegelt, denn etwa 50 Prozent jedes einzelnen Glases bestehen aus recyceltem Tritan®-Kristallglas. 2012 wurde die Produktion auf die Oxyfuel-Schmelzwannentechnologie umgestellt, welche den Kohlendioxidausstoß und die Stickoxidemissionen erheblich reduziert und den Energieverbrauch um 30 Prozent senkt.

Mit der erneuten Umbenennung und dem Markenrelaunch im Jahr 2020 verband man Tradition und Moderne nachdrücklich miteinander und schuf eine solide Basis für die Zukunft. Der Bezug zum Ursprungsort Zwiesel steht für den Stolz auf die Herkunft, für die lange Erfahrung als Grundlage materialtechnischer und handwerklicher Exzellenz sowie für die mehr als einmal bewiesene Fähigkeit, immer wieder neue Wege zu gehen und sich bei aller Tradition dem Zeitgeist anzupassen.

Dies zeigt unter anderem auch die Auszeichnung mit dem German Brand Award für herausragende Markenarbeit. Zahlreiche Serien von ZWIESEL GLAS, ob handgemacht oder maschinell gefertigt, wurden zudem mit renommierten Designpreisen wie dem German Brand Award oder dem Red Dot Design Award und vielen weiteren Auszeichnungen prämiert.

DATEN UND FAKTEN

PRODUKTE
Gläser, Glaswaren und -accessoires

STANDORTE
Zwiesel (Deutschland), Halimba (Ungarn), Barcelona (Spanien), Shanghai (China), Tokio (Japan), USA, Mumbai (Indien)

GRÜNDER
Anton Müller (1872, Zwiesel)

INHABER UND VORSTAND
Prof. Dr. Andreas Buske

MITARBEITER
500 weltweit (2022)

VERTRIEB
in über 130 Ländern in Europa, USA, Südamerika, Asien-Pazifik sowie Mittlerer Osten und Afrika. Direktvertrieb auch über Groß- und Einzelhändler.

WEBSITE
zwiesel.com

ZWIESEL
GLAS

Grohe AG

SANITÄRINDUSTRIE

In mehr als sieben Jahrzehnten ist es der Marke GROHE gelungen, sich zu einem Synonym für hochwertige Badezimmerarmaturen zu entwickeln. Mit einer einzigartigen Designsprache, der sogenannten GROHE DNA, gelingt es, Wiedererkennungswert und Innovation miteinander zu verbinden.

Credit: Grohe AG

Mit innovativen Armaturen leistet GROHE einen wichtigen Beitrag zur Gestaltung individueller Badezimmer. Dabei versteht GROHE sein Portfolio als Element eines einzigartigen Wassererlebnisses und als Beitrag zu perfekten „Me-Momenten" für die Gesundheit und das persönliche Wohlbefinden.

Drei Schlüsselelemente verleihen GROHE-Produkten ein durchgängiges Design und somit einen optimalen Wiedererkennungswert. Als DNA betrachtet GROHE die stringente Kombination aus dem charakteristischen GROHE-Ring, der Einhaltung der Sieben-Grad-Regel sowie der Lozenge (eine ovale Designform). Der Ring weist auf den Verwendungszweck des Produkts hin, bezieht sich auf den Funktionsbereich und soll dem Anwender als Orientierungspunkt dienen. Die Winkel des Armaturengriffs und des Ausgusses sind präzise auf sieben Grad festgelegt. Orientiert an Forschungsergebnissen soll diese leichte Neigung das Anwendererlebnis zusätzlich verbessern. Die Form der Lozenge unterstreicht als einladendes Element den „sinnlichen Minimalismus" der GROHE-Designphilosophie.

Auch wenn die Nachfrage und zahlreiche Auszeichnungen es nahelegen, ruht GROHE sich auf dem Erfolg seiner zum Teil bereits ikonischen Produkte nicht aus. Mit Blick auf die individuellen Bedürfnisse seiner Kunden und unter konsequenter Anwendung der einzigartigen Designsprache wagt GROHE deshalb auch die Neuinterpretation bereits etablierter Produktlinien. Die Neuerfindung von GROHE Allure aus dem Premium-Portfolio ist hierfür ein prominentes Beispiel. Mit der neuen Armaturenlinie Allure behält GROHE einerseits die Idee einer zeitlosen Ästhetik bei, bietet aber andererseits gleichzeitig eine zeitgemäße Möglichkeit, das Badezimmer in ein persönliches Home-Spa zu verwandeln.

Als Resultat dieser anspruchsvollen Aufgabe bietet die neue Armaturenreihe Allure die perfekte Balance zwischen präzisen Proportionen und raffinierter Oberflächenbehandlung. Die Verbindung aus modernster Wassertechnologie und deutscher Handwerkskunst in den Dreiloch-Varianten bei Allure bietet mit einem haptischen Feedback ein einzigartiges Highlight. Als Teil der GROHE-SPA-Kollektion bieten die Allure-Armaturen in verschiedenen Farben und Oberflächen, perfekt abgestimmt auf die GROHE-Allure-Accessoires, eine harmonische Badgestaltung nach individuellem Geschmack.

„Unsere Stärke ist, dass wir uns tief in die Herzen unserer Kunden hineinversetzen, Menschen und ihr Verhalten beobachten, menschliche Bedürfnisse und unterschiedliche Kulturen verstehen. Unser hauseigenes Designteam ist in der Lage, unsere einzigartige GROHE-Designsprache anzuwenden und dieses Wissen in sinnvolle Produkte zu verwandeln, die unsere Markenwerte widerspiegeln" (Patrick Speck, Leader LIXIL Global Design, EMENA).

DATEN UND FAKTEN

PRODUKTE
Sanitär- und Küchenlösungen

STANDORT
Hemer (Nordrhein-Westfalen)

GRÜNDER
Friedrich Grohe (1936, Hemer)

INHABER
GROHE ist seit 2014 ein Unternehmen der japanischen LIXIL Group.

MITARBEITER
ca. 7.000 in 150 Ländern,
2.600 in Deutschland (2022)

VERTRIEB
über den Sanitärgroßhandel und -einzelhandel, Onlinehandel, Showrooms für Installateure, Architekten, Objektplaner und Endkonsumenten

WEBSITE
grohe.de

GROHE SPA

LEONHARD KURZ Stiftung & Co. KG

CHEMISCHE INDUSTRIE

Das in der fünften Generation inhabergeführte Unternehmen entwickelt und produziert auf Trägerfolien applizierte Dekorations- und Funktionsschichten für verschiedenste Produkte. Fast jeder könnte schon einmal ein Produkt mit KURZ-Beschichtungen in der Hand gehabt haben, denn die Bandbreite des weltweit führenden Unternehmens für Dünnschichttechnologie ist groß: Beschichtet werden beispielsweise Autoteile, Handys, Fernseher, Waschmaschinen, Möbel, Verpackungen, Bücher, Textilien, Flaschenetiketten, Bankkarten und vieles mehr.

Genauso vielfältig wie die Produkte und Lösungen sind auch die Kunden. Verarbeiter, Druckereien, Markenhersteller, Designer, Originalausrüstungshersteller und sogar ganze Regierungen lassen bei KURZ Produkte dekorieren, Marken aufwerten, Waren kennzeichnen, Oberflächen schützen oder Fälschungen verhindern. Außerdem verknüpft KURZ die visuelle mit der virtuellen Welt, indem optische Elemente mit digitalen Funktionen hinterlegt werden.

KURZ bietet Komplettlösungen inklusive Projektberatung, Maschinen- und Werkzeugtechnologie. Die KURZ-Gruppe ist an mehr als 30 Standorten weltweit präsent und fertigt in Europa, Asien und den USA nach einheitlichen Qualitäts- und Umweltstandards. Ein globales Netz von Niederlassungen, Vertretungen und Verkaufsbüros sorgt für kurze Wege, zuverlässige Lieferung und individuelle Betreuung vor Ort.

Das Unternehmen hat vier Geschäftsbereiche: Packaging & Print (grafische Industrie), Plastic Decoration (Automobil, Home Appliance, Sensortechnologie etc.), Security (Markenschutz, Dekoration, Banknoten, ID-Dokumente etc.) und Applications (Maschinentechnologie, Stempeltechnologie, eigener Maschinenbau etc.).

Alle Produkte von KURZ spezialisieren sich auf Oberflächen. Jedes Design besitzt und benötigt eine Oberfläche, deren Gestalt und Material so vielfältig sein kann wie die Produkte selbst: glatt, rau, Softtouch, mit oder ohne Struktur, hinterleuchtet oder auch mit Funktion. Wichtig ist, dass die Oberflächen Geschichten erzählen und jedes Produkt einzigartig und erlebbar machen.

Auch digitale Lösungen haben mit Oberfläche zu tun. Programme berechnen beispielsweise die optimale Nutzung eines Druckbogens oder die perfekte Anordnung der Stempel. Hologramme mit interaktiven Elementen, App-Anwendungen, Produktcodierung – all dies benötigt eine Oberfläche. 2016 gründete die KURZ-Unternehmensgruppe die KURZ DIGITAL SOLUTIONS, um Unternehmen in sämtlichen digitalen Schritten zu beraten und beim technologischen Wandel zu unterstützen. Zu den Produkten gehören zum Beispiel das Visible Digital Seal, das physische und digitale Dokumente vor Missbrauch schützt, oder Easy Service, das sämtliche zu einem Produkt gehörende Services in einem Code bündelt.

Ein Geheimnis des Erfolgs von KURZ ist sicherlich, dass sich das Unternehmen immer wieder neu erfindet, und zwar aus Überzeugung, nicht

aus Notwendigkeit. Seit der Gründung liegt ein Fokus auf Innovation und dem Streben, immer am Puls der Zeit zu sein, um den Kunden einen Wettbewerbsvorteil in ihren eigenen Märkten zu verschaffen. Bestehende Lösungen werden ständig verbessert, um ihre Verarbeitung weiter zu optimieren, Prozessstabilität und Sicherheit für ihre Produktion zu erreichen und damit ihre wirtschaftliche Stabilität und Zukunft zu gewährleisten. Dazu gehört natürlich auch, dass KURZ weltweit nach den gleichen Standards und mit den gleichen Rohstoffen und Materialien produziert, um überall eine gleichbleibende Farbe, Qualität und Zuverlässigkeit garantieren zu können.

Ganz besonders am Herzen liegt dem familiengeführten Unternehmen dabei auch das Thema Nachhaltigkeit. Bereits seit Jahrzehnten wird nach den höchsten Standards produziert und so nachhaltig wie möglich gearbeitet.

Immer neue Lösungen verbessern die Nachhaltigkeit der Produkte. Die Möglichkeiten des Recyclens der von KURZ dekorierten Produkte verändern sich nicht, und ihre Sortierung wird durch die Beschichtung überhaupt nicht beeinflusst.

Dies wurde in vielfachen Tests überprüft und ist beispielsweise durch das INGEDE-Zertifikat bestätigt. Einige Veredelungslösungen sind sogar kompostierbar.

Vor allem in den letzten fünf Jahren wurden große Investitionen getätigt, sowohl in neue Verfahren für Recycling, Abluftentsorgung, Energieeinsparung und Rekuperation als auch in die Ausrichtung der KURZ-Produkte auf Umweltverträglichkeit.

Einen großen Teil der erforderlichen Energie bezieht das Kunststoff verarbeitende Unternehmen mit hohem Energiebedarf mittlerweile aus seinem eigenen Fotovoltaik-Kraftwerk. Bis heute konnte der CO_2-Ausstoß um 50 Prozent reduziert werden. Seit 2021 ist LEONHARD KURZ Teil der Initiative für verantwortungsvolle Unternehmensführung des UN Global Compact für eine inklusive, nachhaltige Weltwirtschaft. Denn der Marktführer für Beschichtungstechnologie ist sich seiner globalen Verantwortung bewusst und möchte für zukünftige Generationen das natürliche Gleichgewicht bewahren und die Umwelt als unser aller Lebensgrundlage schützen.

DATEN UND FAKTEN

PRODUKTE
auf Trägerfolien applizierte Dekorations- und Funktionsschichten für verschiedenste Produkte (Dünnschichttechnologie)

STANDORTE
Inland: Fürth, Döbeln, Sulzbach-Rosenberg, Ausland (Niederlassungen und Vertretungen): Argentinien, Australien, Beneluxländer, Brasilien, Chile, Dänemark, Großbritannien, Hongkong, Indien, Indonesien, Irland, Island, Israel, Italien, Japan, Kanada, Kolumbien, Kroatien, Libanon, Malaysia, Mexiko, Nordafrika, Norwegen, Österreich, Peru, Polen, Portugal, Schweden, Schweiz, Singapur, Slowenien, Spanien, Südafrika, Südkorea, Taiwan, Thailand, Tschechische Republik / Slowakische Republik, Türkei, Vereinigte Arabische Emirate, Ukraine, Ungarn, USA, Venezuela, Vietnam, Zypern

GRÜNDER
Leonhard Kurz (1899)

INHABER
Walter und Peter Kurz

MITARBEITER
ca. 5.500 (2022)

VERTRIEB
weltweit durch Niederlassungen und Vertretungen im Ausland

WEBSITE
kurz.de

MAKING
EVERY PRODUCT
UNIQUE

Design verändert unser Verhalten und unsere Handlungen.

PROF. MIKE RICHTER

WAGNER

KONSUMGÜTERHERSTELLUNG

Unvorhergesehene Ereignisse machen unvorhergesehen kreativ. In der Schwarzwälder Ideenschmiede hat man neu gedacht – und neu gebaut.

WIR SCHAFFEN GROSSES.

Unter dem Motto „Wir wachsen. Wir brauchen mehr Raum. Wir schaffen Großes." hat Wagner rund 6 Millionen Euro in ein ambitioniertes Bauprojekt investiert. Das neue Wagner-Werk 3 ist klimafreundlich und ressourcenschonend. Die Energie stammt von einer Photovoltaik-Anlage auf der gesamten Dachfläche. Geheizt wird mittels Wärmepumpe und Betonkernaktivierung sowie einer Lüftungsanlage mit Wärmerückgewinnung. Kurz: Das Gebäude ist nahezu autark; auf fossile Brennstoffe kann weitgehend verzichtet werden. „Wenn die Energiekosten explodieren, dann machen wir unsere Energie am besten selbst", resümiert Ellen Wagner, die das Unternehmen gemeinsam mit ihrem Bruder Ulrich Wagner leitet. Doch nicht nur steigende Energiekosten haben zur Entscheidung für den rund 2.150 Quadratmeter großen Erweiterungsbau beigetragen: Wagner ist in den vergangenen Jahren stetig gewachsen; aus dem kleinen „Start-Up" des Gründers ist ein erfolgreicher Global Player geworden.

Unter der Dachmarke „WAGNER design yourself" entwickelt und fertigt Wagner formschöne und funktionelle Produkte für Haus, Garten, Werkstatt und Büro. Möbelgleiter beispielsweise. Aber nicht irgendwelche: Gründer Roland Wagner hat diese kleinen, aber für modernes Möbeldesign unverzichtbaren Komponenten vor über 20 Jahren neu erfunden – und unter der Marke QuickClick® zum Welterfolg gemacht. Aus ursprünglich zwei Modellen sind mehr als 2.000 Varianten der Gleiter-Innovation entstanden, vielfach für Design, Innovationskraft und Nachhaltigkeit ausgezeichnet und echte Problemlöser für Möbelhersteller und Anwender. Denn QuickClick® ist das erste Möbelgleiter-System mit tausch- und wendbaren Gleit- und Stopp-Einsätzen für jede Art von Möbel und für jede Art von Bodenbelag.

Das Prinzip ist so einfach wie genial: Bei allen QuickClick®-Variationen wird ein Basiselement dauerhaft am Möbel befestigt und kompatible Ein- oder Aufsätze werden ein- oder aufgeklickt. Bei Verschleiß oder Wechsel des Bodenbelags können sie sekundenschnell ausgetauscht oder gewendet werden. Diese intelligente Idee macht das QuickClick®-System extrem wartungsfreundlich; ein wichtiger Aspekt besonders im Objektbereich. Auch beim Kundenservice ist Einfachheit Trumpf: „Bei Verschleiß oder Wechsel des Bodenbelags brauchen sich die Möbelhersteller nicht selbst um die jeweils passenden QuickClick®-Ersatzgleiter für die Anwender zu kümmern, denn die gibt es direkt bei uns im WAGNER-Webshop. Ganz einfach", erklärt Ulrich Wagner das clevere Konzept.

DATEN UND FAKTEN

PRODUKTE
Möbelkomponenten,
Wohnaccessoires,
Transporthilfen, Pflanzenroller

STANDORT
Lahr (Schwarzwald)

GRÜNDER
Roland Wagner (1977)

INHABER
Ellen Wagner und Ulrich Wagner

MITARBEITER
200

VERTRIEB
weltweit an Möbelhersteller,
Groß- und Einzelhandel,
E-Commerce

WEBSITE
wagner-systeme.de

Zwei der vielen QuickClick®-Varianten: Hier der ultraflache „Silencer SLIM". Durch seine minimierte Bauhöhe bleibt er im Kontext des Möbeldesigns nahezu unsichtbar. Ein integrierter Lärmabsorber dämpft störende Geräusche und Vibrationen.

Der speziell für ergonomisches Sitzen entwickelte „PIEDI Equalizer 2.0" verfügt über eine Spezialfederung. Mit der neuartigen Komfort-Komponente ausgestattete Sitzmöbel folgen aktiv den Bewegungen der sitzenden Person.

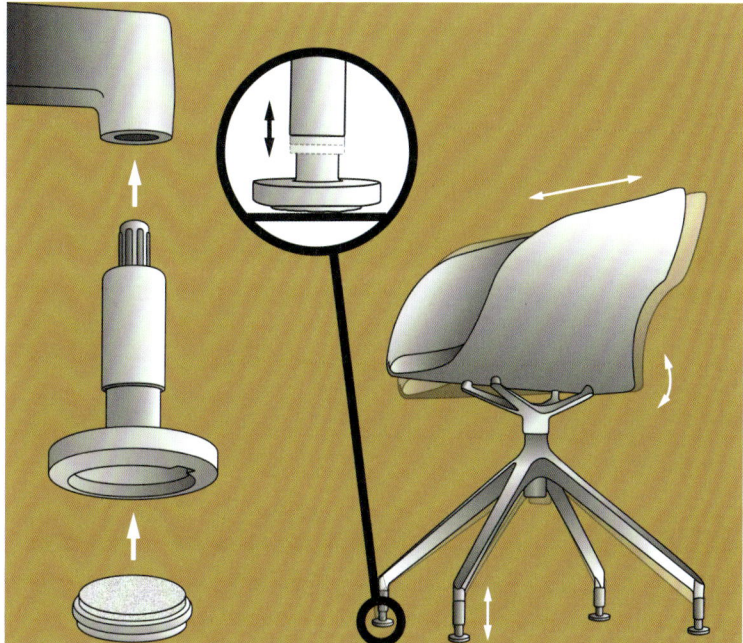

Poggenpohl

INTERIOR, KÜCHENHERSTELLER

Seit 130 Jahren Erfinder der modernen Küche

Innovation hat bei Poggenpohl Tradition. Bereits als Friedemir Poggenpohl 1892 das Familienunternehmen gründete, galt der Anspruch „die Küche besser zu machen". In 130 Jahren ist aus dem einstigen Tischlerbetrieb die führende Marke für luxuriöse Küchenarchitektur „Made in Germany" geworden. Als Erfinder der modernen Küche verbindet Poggenpohl heute architektonisches Denken und Handeln nachhaltig mit richtungsweisendem Design, ausgezeichneter Handwerkskunst und technischer Präzision.

Poggenpohl versteht die Küche als Sinnbild eines charakterreichen, energiegeladenen und genussvollen Daseins. In der Küche wird gekocht, gefeiert, gearbeitet und mit Begeisterung und in Fülle gelebt. So steht der Mensch im Mittelpunkt der Planung, wenn die Architekten von Poggenpohl maßgefertigte Lösungen für die individuellen Vorstellungen der Kunden und ihre Lebensräume entwickeln. Jede Küche wird zum zeitgemäßen Unikat, das die umgebende Architektur unverwechselbar bespielt. Spannende Proportionen, Materialien von ausgesuchter Qualität und inspirierende Farben finden in erfrischenden, stehts Interpretationen zusammen.

Die Produktion in Deutschland sichert die Qualität und Unverwechselbarkeit der Küchen. In handwerklicher Ästhetik und mit höchster Präzision wird am Stammsitz in Herford gefertigt. Über ein internationales Netzwerk von eigenen Studios und autorisierten Handelspartnern werden die Küchen in mehr als 70 Ländern weltweit vertrieben.

KÜCHENARCHITEKTUR SEIT 1892

DATEN UND FAKTEN

PRODUKTE
Maßgefertigte Küchen für Privatkunden und Projektgeschäft

STANDORT
Fertigung in Herford, Deutschland

GRÜNDER
Friedemir Poggenpohl
(1892, Bielefeld)

INHABER
Jomoo Group

MITARBEITER
475

WEBSITE
poggenpohl.com

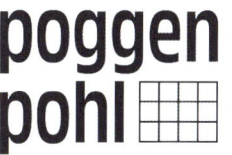

Ronnefeldt

LEBENSMITTEL / GENUSSMITTEL

Exzellente Teequalität aus den besten Teegärten der Welt hat Ronnefeldt durch zwei wechselvolle Jahrhunderte geführt. Bis heute steht der Name Ronnefeldt für exzellente Teequalität, feinsten Genuss und die Leidenschaft für das Naturprodukt zum Tee.

Vor rund 400 Jahren fand der Tee seinen Weg nach Europa. Bis er auch Deutschland erreichte, vergingen noch mal fast zwei Jahrhunderte. Von da an dauerte es nicht lange, bis das Heißgetränk in allen Gesellschaftsschichten seine Liebhaber fand.

Ein Teehaus in Frankfurt am Main zu eröffnen, weit entfernt von den großen deutschen Seehäfen, war für das Jahr 1823 ein kühner Schritt. Heute, im 200. Jahr seiner Erfolgsgeschichte, präsentiert sich diese Entscheidung als erste von zahllosen Herausforderungen, die das Familienunternehmen Ronnefeldt zu dem gemacht haben, was es heute ist: eine der weltweit führenden Teemarken in der gehobenen Hotellerie und Gastronomie. Mit dem Erfolg des Tees gelang es dem jungen Unternehmen, in kaum mehr als zwei Jahrzehnten Ronnefeldt zur Marke auszubauen, deren Popularität sich heute in globaler Marktpräsenz widerspiegelt.

Ein Schlüssel zum Erfolg des Unternehmens – und mit ihm der Marke Ronnefeldt – war die Konzentration auf Kunden aus der Luxushotellerie und -gastronomie. Grüner und Schwarzer Tee aus den besten Teeanbauregionen der Welt, Kräuter- und Früchtetees sowie die persönliche Beratung und Schulung der Kunden für ein ganzheitliches Tee-Konzept: Ronnefeldt verhilft seinen Partnern in Gastronomie und Hotellerie zu Erfolg und Ansehen als perfekte Gastgeber. Dabei kennzeichnet das Unternehmen seine seit zwei Jahrhunderten konsequent verfolgte Strategie, die auf Werteorientierung, langfristiger Planung und nachhaltiger Arbeitsweise basiert.

Insbesondere das Thema Nachhaltigkeit hat in den letzten Jahren für Ronnefeldt zunehmend an Bedeutung gewonnen. Seit über 10 Jahren verfolgt der Tee-Experte hierbei einen teespezifischen und regionalen Förderansatz, der sich gezielt auf die Arbeits- und Lebensbedingungen der Menschen in den Ursprungsländern von Tee konzentriert. Dafür arbeitet das Unternehmen mit den Organisationen Childaid Network und Ethical Tea Partnership zusammen, die sich vor Ort für sozial und ökologisch nachhaltiges Wirtschaften einsetzen. Teil der ökologischen Nachhaltigkeitsstrategie von Ronnefeldt ist außerdem die schrittweise Umstellung auf nachhaltige Verpackungsmaterialien.

Zur Herstellung bester Teequalitäten werden die Tees im Sinne der Ronnefeldt Qualitätsphilosophie ausschließlich nach der traditionellen orthodoxen Methode produziert: Handgepflückt nach dem Prinzip „Two leaves and one bud" und schonend – nicht industriell – verarbeitet. Dabei werden die fünf charakteristischen Schritte Welken, Rollen, Fermentieren, Trocknen und Sortieren in einem zeitaufwendigem Prozess durchlaufen.

Beim Verpackungsdesign setzt man gleichermaßen auf eine anspruchsvolle Optik wie auch auf einen funktionellen und praktischen Ansatz. Insbesondere für Kunden aus Gastronomie und Hotellerie arbeitet Ronnefeldt kontinuierlich an Lösungen, die Arbeitsschritte in der Teezubereitung und im Service vereinfachen.

Seine über die Jahrzehnte erworbene Tee-Kompetenz gibt das Unternehmen in Seminaren der Ronnefeldt-TeaAcademy® weiter. Hier erhalten Teefachhändler und Verantwortliche für den Tee-Service in Gastronomie und Hotellerie die Qualifikation zum Tee-Experten.

DATEN UND FAKTEN

PRODUKTE
Tee, Teekonzepte für die gehobene Hotellerie und Gastronomie, Serviceleistungen, Tee-Seminare

STANDORTE
Frankfurt am Main, Worpswede (bei Bremen)

GRÜNDER
Johann Tobias Ronnefeldt
(1823, Frankfurt am Main)

INHABER
Jan-Berend Holzapfel

MITARBEITER
130–140 (2022)

VERTRIEB
Direktvertrieb und über den Teefachhandel (DACH), Vertriebspartner in über 80 Ländern weltweit

WEBSITE
ronnefeldt.com

TEA EXCELLENCE SINCE 1823

Nachhaltig verpackte Bio-Produktlinie 100 Prozent.

Handgepflückter Tee aus den besten Teegärten weltweit.

Nurus

DESIGN BÜROMÖBEL

FÜR MORGEN
ENTWERFEN, HEUTE
UMSETZEN.

Das 1927 gegründete Unternehmen Nurus bedient Kunden an mehr als 50 Standorten weltweit, indem es Technologie mit innovativem Design verbindet und das Wohlbefinden der Menschen in den Vordergrund stellt. Die fortschrittlichen Technologien und preisgekrönten Produkte von Nurus, die Ästhetik und Funktionalität miteinander verbinden, entstehen durch die Berücksichtigung des Gleichgewichts von Technologie, Natur und Design.

Das Arbeitsumfeld hat sich im Vergleich zu den letzten Jahrzehnten schnell und grundlegend verändert. Wir benutzen keine Büros für eine oder zwei Personen oder geschlossene Türen mehr. Das größte Bedürfnis der heutigen Arbeitskultur ist ein funktionaler und privater Raum für private Gespräche, Videokonferenzen, Teamarbeit, spontane Meetings, konzentriertes Arbeiten oder einfach nur zum Ausruhen. Nurus hat die Calma-Akustikpods entworfen und entwickelt, die mit ihren physikalischen Daten einen internationalen Standard setzen.

Calma bietet einen Ort der Ruhe in überfüllten und lauten Räumen wie Großraumbüros und Gemeinschaftsräumen, schafft eine Zone der Konzentration und Entspannung und erleichtert die ungestörte Zusammenarbeit und Kommunikation.

Mit der Nurus-Links®-Verbindung unterstützt Calma auch die Nutzung von mobilen Geräten und Laptops. Die Calma-Anwendung, die in Nurus-Links® integriert ist, hilft Ihnen, verfügbare Calmas zu finden, sie zu reservieren und Benachrichtigungen an die Teilnehmer zu senden. Außerdem können Sie mit der intelligenten Software den Steh-Sitz-Schreibtisch nach Ihren Einstellungen, der Beleuchtungsstärke und der Belüftung steuern.

DATEN UND FAKTEN

STANDORT
München

GRÜNDER
Gründungsjahr 1927

WEBSITE
nurus.de

nurus

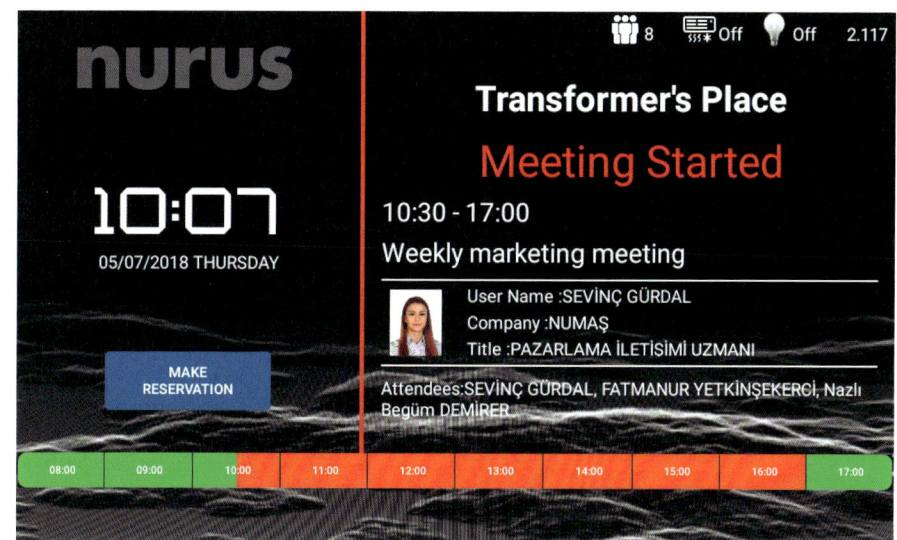

P+L Innovations – trivida

TEILBARES ROLLSTUHLRAD FÜR MEHR BARRIEREFREIHEIT

Das revolutionäre Rad von trivida ermöglicht Menschen im Rollstuhl ein Leben mit mehr Selbstständigkeit und Würde. Die innovative Marke steht für Inklusion und den Abbau von Barrieren.

Pionierlösungen rund um die Barrierefreiheit im Rollstuhl: Die Marke trivida der Entwicklungsfirma P+L Innovations hat es sich zur Aufgabe gemacht, Barrieren ein Stück weit abzubauen, um Menschen im Rollstuhl ein selbstbestimmteres Leben zu ermöglichen. Mit dem innovativen trivida-Rollstuhlrad ist dem Unternehmen aus dem baden-württembergischen Bad Krozingen ein wegweisendes Beispiel deutscher Ingenieurskunst gelungen, das die Lebensqualität von Rollstuhlfahrern, Angehörigen und professionell Pflegenden verbessert.

Zahllose Situationen im Alltag eines Rollstuhlfahrers erfordern einen Wechsel der Position. Das teilbare Rad erlaubt den Betroffenen erstmals einen kraftsparenden barrierefreien Rollstuhltransfer. Dazu wird der Rollstuhl parallel ans Ziel herangefahren und arretiert. Anschließend lässt sich das obere Radsegment mithilfe eines ergonomischen Schnellspannhebels entriegeln und entfernen. So kann man ohne Barriere sicher aufs Sofa oder ins Bett rutschen. Menschen mit Bewegungseinschränkungen im Bereich des Oberkörpers benötigen eventuell noch Unterstützung, müssen aber nicht mehr hochgehoben werden.

Die Geschichte der Marke trivida begann bereits vor einigen Jahrzehnten. Denn schon als Student verfolgte Christian Czapek seine Vision, die Konstruktion eines Rollstuhlrads entscheidend zu optimieren. Als Czapeks Bruder viele Jahre später selbst auf einen Rollstuhl angewiesen war, wurde das Thema für den Diplom-Designer noch einmal aktuell. Seine Idee ließ ihn nicht mehr los, bis er das Rad im wahrsten Sinne des Wortes neu erfunden hatte. Denn es war ihm gelungen, ein stabiles, in drei gleich große Segmente teilbares und dabei einfach zerlegbares Rollstuhlrad zu konstruieren.

Im Jahr 2019 erkannten die Inhaber des Familienunternehmens P+L Innovations das einzigartige Potenzial dieser Erfindung. Im Lauf der Zusammenarbeit brachte ein Spezialisten-Team besondere Expertise, innovative Ideen und technologische Verbesserungen in die Weiterentwicklung mit ein. Vom ersten Prototyp bis zur Serienreife des revolutionären Rollstuhlrads ist jedes Detail genau durchdacht und auf die Bedürfnisse von Rollstuhlfahrern zugeschnitten.

Das robuste trivida-Rad mit der intelligenten triatec®-Technologie wird aus hochwertigen und langlebigen Materialien in Deutschland hergestellt und überzeugt durch sein modernes, funktionales Design. Um höchste Qualitätsstandards einzuhalten, arbeitet das trivida-Team genau und gewissenhaft nach medizinischen Richtlinien wie der europäischen Medizinprodukteverordnung. Aufgrund der Corona-Pandemie konnte die Markteinführung des Rads nicht wie geplant erfolgen; stattdessen musste das Team verkleinert werden und begann erst Ende 2021 mit dem Vertrieb. Die gemeinsam erlebte schwierige Zeit führte jedoch zu einem starken Zusammenhalt.

Dinge aus einer anderen Perspektive betrachten, um daraus neuartige Lösungen zu entwickeln – das ist die Devise von trivida. Weitere innovative Produktlösungen für Rollstuhlfahrer befinden sich bereits in der Entwicklung, damit Menschen im Rollstuhl einfach mehr vom Leben haben.

DATEN UND FAKTEN

PRODUKTE
teilbares Rollstuhlrad
für mehr Barrierefreiheit

STANDORT
Bad Krozingen

GRÜNDER
Familie Pflaumbaum
(2019, Bad Krozingen)

INHABER
Familie Pflaumbaum

MITARBEITER
8 (2022)

VERTRIEB
Europa und Australien

WEBSITE
trivida-info.com

Talkwalker

TECHNOLOGIE

Talkwalker ist branchenführend im Bereich Consumer Intelligence und ermöglicht Marken, eine engere Bindung zu ihren Verbrauchern aufzubauen. Die Plattform kombiniert marktführende Social Analytics und KI-Technologie mit Expertise in Bezug auf unstrukturierte Daten sowie einem globalen Team von Insights-Analysten und Data-Storytellern. Führende Marken und Agenturen weltweit nutzen Talkwalker dank dessen Datenabdeckung in 187 Sprachen.

Ziel des 2019 von Christophe Folschette und Thibaut Britz in Luxemburg gegründeten Unternehmens war „To walk through the talk" – die Bedeutung hinter all den Worten und Symbolen zu verstehen und Menschen zu helfen, einen Sinn in den zahllosen online stattfindenden Gesprächen zu finden. Mit einer datenstarken AI Engine ist Talkwalker seit mehr als sieben Jahren führend in KI-basierter Konsumentenforschung. Alle technologischen Neuerungen werden selbst entwickelt, um den Kunden die beste Analyseplattform für Video-, Bild-, Text- und Spracherkennung bieten zu können.

Ein wichtiges Projekt der letzten Jahre war die Brand-Love-Studie, die im Jahr 2022 in Zusammenarbeit mit Hootsuite stattfand. Mehr als 1.500 internationale Marken wurden analysiert, um die 50 beliebtesten zu identifizieren. Mit dem entwickelten Brand-Love-Index lassen sich die drei kritischen Werte für das Entstehen von Markenliebe bestimmen: Leidenschaft, Vertrauen und Kundenzufriedenheit. Erstmals ergänzen schnell umsetzbare Tipps zur Steigerung der Markenbewertungen die Studienergebnisse. Über 2,6 Milliarden Konversationen in sozialen Medien, Nachrichten, Blogs und Rezensionen wurden entsprechend ausgewertet. „Prioritäten, Werte und Verhaltensweisen unterliegen einem ständigen Wandel. Nur Marken, die ihren Kunden nahestehen, können diese Veränderungen vorhersehen und sich rechtzeitig anpassen. Diese Marken schaffen es, Markenliebe aufrechtzuerhalten und auszubauen", beschreibt Elena Melnikova, Talkwalker CMO, den Brand-Love-Report.

Die Studie zeigt auch: Kunden beobachten den Einfluss von Marken auf soziale, wirtschaftliche oder ökologische Entwicklungen sehr genau. Viele der 50 Top-Marken haben deshalb mit Erfolg ihre Nachhaltigkeitsaktivitäten stark erhöht.

Passend dazu wurde mit „Shape Tomorrow" eine weitere große Studie durchgeführt. Man analysierte Kundenmeinungen von über 100 Unternehmen weltweit, gewann detaillierte Einblicke in deren Prioritäten, Vorlieben und Erwartungen und stellte fest: In gut 54 Prozent der Fälle werden die von Verbrauchern geführten Nachhaltigkeitsgespräche von den Marken nicht wahrgenommen.

Dabei haben nur diejenigen Unternehmen eine Zukunft, die sowohl die eigenen Anforderungen als auch die Erwartungen der Verbraucher erfüllen. Die Nähe zum Kunden ist maßgeblich, um die Strategie, Botschaften und Produkte an die sich verändernden Erwartungen der Kunden anpassen zu können. Denn wer versteht, was Kunden bewegt, und die Verbraucher in den Mittelpunkt der Geschäftsstrategie stellt, kann sein Unternehmen zukunftsfähig ausrichten. Mit Talkwalker hat man dafür einen erfahrenen und zuverlässigen Partner an seiner Seite.

TO WALK THROUGH THE TALK

DATEN UND FAKTEN

PRODUKTE
Consumer Intelligence, Social Listening, Social Analytics, Insights-Analysen und Data-Storytelling

STANDORTE
in Luxemburg (Hauptsitz), Niederlassungen in Frankreich, Deutschland, dem Vereinigten Königreich, Italien, den USA, Singapur und Japan

GRÜNDER
Christophe Folschette und Thibaut Britz (2009, in Luxemburg)

INHABER
Christophe Folschette (Chief Strategy Officer) und Marlin Equity Partners

MITARBEITER
20 in Deutschland, ca. 600 weltweit

VERTRIEB
führende Marken und Agenturen weltweit, Datenabdeckung in 187 Sprachen

WEBSITE
talkwalker.com/de

	Deutschland, Österreich, Schweiz
1.	L'Oréal
2.	LEGO
3.	Ducati
4.	ASUS
5.	Sennheiser
6.	EnBW
7.	Decathlon
8.	Gucci
9.	SAP
10.	ROSSMANN

X-PLAST

PRODUKTENTWICKLUNG FÜR MEDIZINTECHNIK, DEN TRANSPORT-SEKTOR SOWIE HOCHWERTIGE IOT-GERÄTE

Nachhaltige Kunststoffprodukte aus dem 3D-Drucker sind die Spezialität des Studios X-PLAST. Zu den Kunden des Unternehmens zählen Automobilkonzerne und Hersteller von Medizintechnik.

Als hochmodern ausgestattetes Studio für Produktentwicklung hat X-PLAST das Ziel, schon heute die besten und nachhaltigsten Kunststoffprodukte für die Welt von morgen zu schaffen. Das vielfach preisgekrönte Team aus dem ungarischen Székesfehérvár verfügt über ein breites Spektrum an Fachwissen in den Bereichen Design, Entwicklung von Komponenten, Simulation, 3D-Druck und Spritzguss. Besonders willkommen sind Projekte, mit denen das Designteam die Grenzen dessen, was heute mit Kunststoffen möglich ist, auf umweltfreundliche Weise ausloten kann. Das fundierte technische Wissen über Herstellungsmöglichkeiten und Fertigung unterscheidet X-PLAST von vielen anderen Designstudios, wie zahlreiche Patente belegen.

Der Firmenname steht für „eXcellence" bei der Arbeit mit dem Material „PLAST". Durch eine multidisziplinäre Zusammenarbeit des jungen, agilen Teams aus Designern und Ingenieuren entstehen wegweisende Produkte für internationale Kunden. Das Studio nutzt sein Wissen, um hochwertige Komponenten für den 3D-Druck zu konstruieren, die ebenso wie Prototypen und Kleinserien inhouse hergestellt werden. Als erster großer Kunde unterzeichnete die VW-Gruppe 2016 einen Vertrag mit X-PLAST.

Im Jahr zuvor gründeten Viktor Seres und Zsuzsanna Galambos ihr Designstudio in Székesfehérvár mit der Idee, zukunftsorientierte Produkte für Medizintechnik, den Transportsektor sowie IoT-Geräte für hochwertige Verbraucherprodukte zu entwickeln. Dabei konzentrierten sie sich von Anfang an auf die Verarbeitung von Kunststoffen. „Unser Ziel ist es, das jeweils beste Material zu finden, um ein nachhaltiges Produkt mit so wenig Abfall wie möglich zu schaffen", erklärt Viktor Seres. Im eigenen 3D-Labor bietet X-PLAST modernsten 3D-Druck mit verschiedenen Technologien an. Für die Serienfertigung von Spritzgussdienstleistungen werden Subunternehmer beauftragt, die durch Spezialisten aus seinem Team beaufsichtigt werden. X-PLAST betreut seine Kunden von der ersten Idee bis zur Umsetzung eines Produkts.

Die von X-PLAST entwickelte smarte Insulin-Pen-Kappe „Indoo" für den Medizintechnikhersteller Di-Care erhielt den German Design Award 2022. Das Modul verwandelt gängige Insulin-Pens in intelligente Geräte. Es ist ebenso komfortabel wie einfach zu bedienen und sorgt in Verbindung mit einer App für ein zeitgemäßes Diabetes-Datenmanagement.

Um auf einem sich ständig verändernden Markt bestehen zu können, muss das ungarische Studio in der Lage sein, sich an neue Situationen anzupassen und dabei gleichzeitig seine Kernwerte zu bewahren. Als kleines und hoch qualifiziertes Team entwickelt sich X-PLAST stetig weiter, etwa durch das Erlernen neuer Technologien, Skills und Software-Programme. Darüber hinaus bietet das Unternehmen Ausbildungsplätze für kommende Produktdesigner an. „Unser Hauptziel ist es, das gesamte Team einzubeziehen, um unsere internen Bedürfnisse zu verstehen und die Bedürfnisse unserer Kunden zu interpretieren", so Viktor Seres. „Auf Basis dieser Gespräche können wir gemeinsam erfolgreich sein."

DATEN UND FAKTEN

PRODUKTE
Produktentwicklung für Medizintechnik, den Transportsektor sowie hochwertige smarte Geräte mit ISO-Zertifizierung

STANDORT
Székesfehérvár, Ungarn

GRÜNDER
Viktor Seres und Zsuzsanna Galambos (2015, Székesfehérvár)

INHABER
Viktor Seres, Zsuzsanna Galambos

MITARBEITER
10 (2022)

VERTRIEB
weltweit, vor allem EU und Schweiz

WEBSITE
xplast.hu

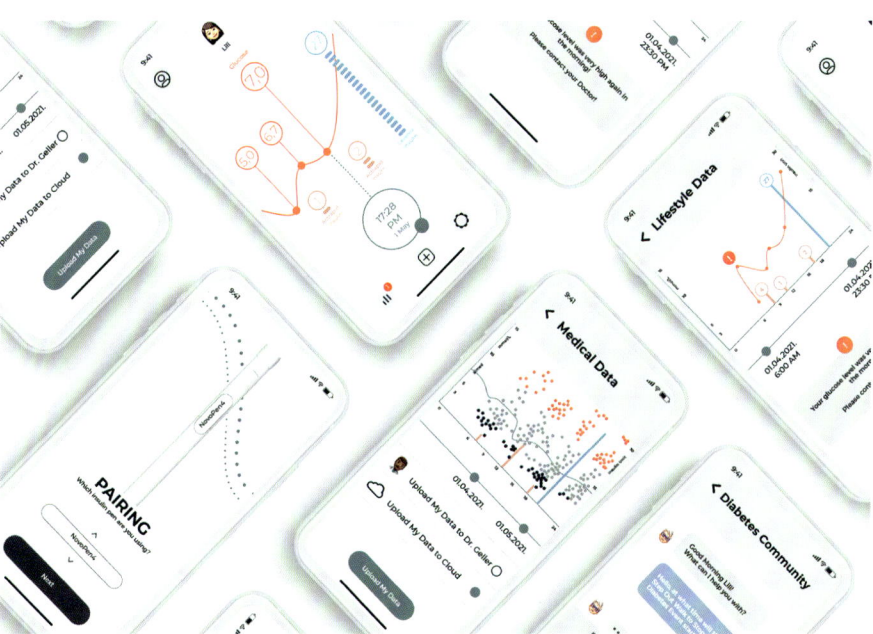

UP Designstudio

DESIGN

Produktdesign umfasst mehr als das optische Erscheinungsbild eines Produkts. Mit Product Design, Experience Design und Communication Design vereint UP Designstudio Usability, Technologie und Markenidentität für Produkt und Anwender.

Dass ein Produkt grundsätzlich seine Funktion erfüllt, reicht heute nicht mehr aus, um sich im Wettbewerb zu behaupten. Gleichzeitig kann Design, das ausschließlich auf das optische Erscheinungsbild konzentriert ist, über Mängel in der Bedienerfreundlichkeit langfristig nicht hinwegtäuschen. UP Designstudio unterstützt Auftraggeber bei der Entwicklung von Produkten, die an der Schnittstelle zum Menschen durch Design und Usability Mehrwert erzeugen. Die ganzheitliche Gestaltung vom Nutzererlebnis schafft Markenidentitäten, die durch Zweckorientierung, Bedienbarkeit und Ästhetik Begeisterung wecken.

Namhafte Unternehmen aus Industrie, Medizin, Mobilität und Lifestyle setzen auf die Beobachtungsgabe und das Nutzerverständnis von UP Designstudio. Mit Weitblick nutzen die Mitarbeiterinnen und Mitarbeiter Kreativität, technisches Interesse und gestalterische Fähigkeiten, um die drei vertretenen Designdisziplinen mit dem Know-how der Auftraggeber zu verbinden.

Im Ergebnis entstehen Produkte, die gerne und nachhaltig genutzt werden. In dem Gestaltungsprozess werden zu diesem Zweck frühzeitig die späteren Nutzerinnen und Nutzer des Produkts einbezogen. Ihre Wünsche und Bedürfnisse werden in einem Evaluationsprozess durch Interviews und Tests ermittelt und bilden eine zentrale Grundlage aller weiterer Schritte. So realisiert UP Designstudio Visionen von der ersten Skizze bis zum fertigen Serienprodukt und übersetzt dabei technische Komplexität in klare Markenbotschaften.

UP Designstudio unterstützt seine Auftraggeber bei der digitalen Transformation. Altbewährte und neue Produkte müssen um einen digitalen Layer erweitert werden. UP Designstudio nutzt sein Know-how im Bereich des Communication Design, um die digitalen Komponenten eines Produkts, beispielsweise in Gestalt eines Steuerinterfaces oder eines Webkonfigurators, optimal auf die Wünsche und Nutzungsgewohnheiten des Anwenders auszurichten und sie sinnvoll der Markenidentität des Auftraggebers unterzuordnen.

Weitblick beweist UP Designstudio auch in Hinblick auf die Zukunft der eigenen Marke durch sein Engagement für den Designnachwuchs. Als Dozent im Gestaltungsfach sowie als Beiratsmitglied und Juryvorsitzender der Mia Seeger Stiftung ist Stefan Lippert, Gründer und Geschäftsführer von UP Designstudio in der Förderung junger Talente engagiert. Der Nachwuchs im Unternehmen wird durch ein umfangreiches Traineeprogramm ausgebildet und gefördert.

DATEN UND FAKTEN

PRODUKTE
Product Design, Experience Design, Communication Design

STANDORT
Stuttgart

GRÜNDER UND GESCHÄFTSFÜHRER
Stefan Lippert (1994)

MITARBEITER
33 (2022)

WEBSITE
updesignstudio.de

UP STEHT FÜR
USER & PRODUCT

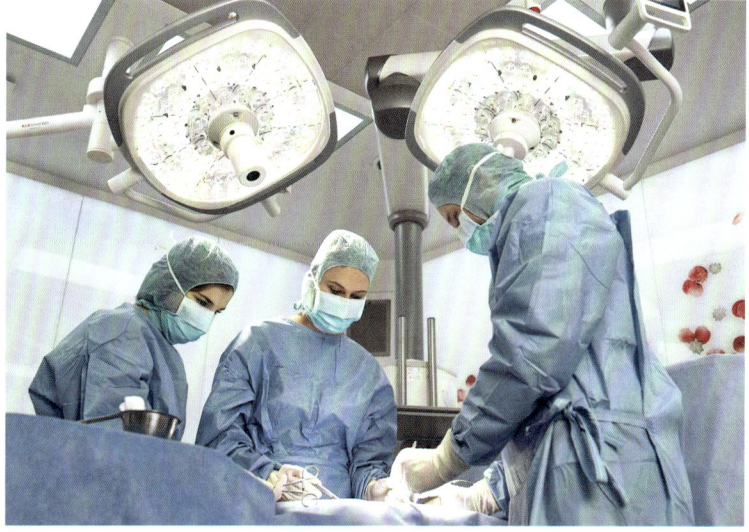

IBM iX

BUSINESS CONSULTING, EXPERIENCE
DESIGN & COMMUNICATION,
ENGINEERING & DEVELOPMENT,
WORKFLOWS & OPERATIONS

Als eine der weltweit größten und führenden Digitalagenturen unterstützt IBM iX Unternehmen bei Strategie, Konzeption, Implementierung und dem Betrieb digitaler Plattformen sowie Experience in den Bereichen Innovation, Marketing, Vertrieb und Service. Das Leistungsspektrum reicht von der integrierten Omni-Channel-Kommunikation über Workflow-Optimierung bis zum Aufbau und der Inkubation von Digital Ventures.

Wie muss die Digitalisierung heute gestaltet werden, um Menschen auch morgen zu begeistern? IBM iX beantwortet diese Frage mit „holistisch, nachhaltig und nutzerzentriert". Die Experience Agency von IBM Consulting begleitet Marken, Unternehmen und Institutionen bei ihrer digitalen Transformation: „Wir meinen: Good experience is good business. Als eine neue Art von Partner, der die Größe, das Branchen-Know-how, tiefes technologisches Fachwissen, passende Methoden sowie erfahrenes Personal hat, helfen wir, das Zusammenspiel von Mensch und Technologie in den Mittelpunkt zu stellen", sagt Daniel Simon, Chief Design & Creative Officer und Managing Director bei IBM iX. „Technologie alleine wird den systemischen Wandel, den Unternehmen und Gesellschaft heute benötigen, nicht bewirken. Vielmehr braucht es Ideen, Kreativität, neue Arbeitsweisen und vor allem eines: Menschen."

Mit skalierbaren, agilen Frameworks wie IBM Garage™ und Enterprise Design Thinking arbeiten die Digitalexpertinnen und -experten von IBM iX an nachhaltigen Geschäftsmodellen, digitalen Services und integrierten Customer Journeys. Bei IBM Garage™ kooperieren Kundinnen und Kunden Seite an Seite mit den Profis von IBM. Die Methodik ist fundiert, 1000-fach erprobt und verfeinert. Auf Basis der IBM-Beratungs- und Technologiekompetenz, die für die jeweilige Branche maßgeschneidert wird, kann somit schnell eine erfolgreiche Wertschöpfung erreicht – und Zeit und Kosten gespart werden.

IBM Enterprise Design Thinking ist ein umfassender Methoden-Baukasten, mit dem sich Herausforderungen im digitalen Business nutzerzentriert lösen lassen. Dabei beobachtet, versteht und reflektiert man gemeinsam menschliches Verhalten, um sich den optimalen Design-Lösungen iterativ und interdisziplinär anzunähern. Und das mit Empathie, Freude und Leidenschaft. „Wenn für Menschen positive Interaktionen und echte Mehrwerte entstehen, sind wir auf dem richtigen Weg", sagt Marko Thorhauer, Experience Design & Mobile Leader IBM iX DACH.

Unternehmen aus den unterschiedlichsten Branchen profitieren von den nachhaltigen Ansätzen. So realisierte IBM iX zum Beispiel Projekte wie den Digitalen Impfnachweis, die CovPass-App oder eine globale D2C Experience für den Schweizer Uhrenhersteller TAG Heuer. Mit dem HealthAdvisor entwickelte die Digitalagentur eine KI-basierte App zur Prävention von Schlaganfällen. Darüber hinaus schuf sie die neuen Webpräsenzen des Ziegelherstellers Wienerberger oder der Berliner Verkehrsbetriebe (BVG).

DATEN UND FAKTEN

PRODUKTE
Business Consulting, Experience Design & Communication, Engineering & Development, Workflows & Operations

STANDORTE
New York, London, Berlin, Düsseldorf, Ehningen, Erfurt, Hamburg, München, weitere Standorte in Österreich, Kroatien und der Schweiz

INHABER
IBM Consulting

MITARBEITENDE
17.000 (2022)

VERTRIEB
weltweit

WEBSITE
ibmix.de

IBM iX

Robert Bosch

HAUSHALTSGERÄTE

Die Marke Bosch gehört zweifelsfrei zu den Säulen des wirtschaftlichen Erfolgs der Bundesrepublik nach dem Zweiten Weltkrieg. Heute sind Bosch Hausgeräte weltweit gefragt. Ihr Design ist dabei gleichermaßen ikonisch wie innovativ wegweisend.

Noch unter dem Gründungsnamen beginnt Robert Bosch 1933 mit dem Bosch-Kühlschrank die Erfolgsgeschichte als Haushaltgerätehersteller. Dem damals noch tonnenförmigen, 60 Liter fassenden Gerät folgt wenige Jahre später der bis heute in Fragen des Produktdesigns richtungsweisende Bosch-Classic, in Kastenform mit charakteristisch abgerundeten Ecken. Daneben wird das Unternehmen bis heute nicht müde, mit Produktinnovationen sowohl in Funktionalität als auch in Design Maßstäbe zu setzen.

Vom Bosch Eierkocher über die elektrische Zahnbürste bis hin zu Waschmaschine, Wäschetrockner oder Herd und Backofen – Haushaltsgeräte von BOSCH erobern über die Jahrzehnte einen Großteil deutscher und zunehmend auch internationaler Haushalte mit den Produktversprechen Qualität, Zuverlässigkeit und Präzision.

Auch im Markenverbund der BSH Hausgeräte GmbH, bleibt die Marke Bosch unverändert Sinnbild für vielseitige Haushaltshelfer. Deren Qualität wird immer wieder, zum Beispiel durch Urteil der renommierten Stiftung Warentest, unabhängig bestätigt und sichert dem Unternehmen nicht zuletzt die Marktführerschaft in Westeuropa.

Bosch hat seit jeher den Anspruch, „Technik fürs Leben" zu gestalten. So begleiten die Produktinnovationen stets die Entwicklung der Gesellschaft und unterstützen diese bei der Transformation. Sei es die Veränderung der Geschlechterrollen oder auch ein modernes Verständnis von Lebensqualität und Freizeitgestaltung: Haushaltsgeräte von Bosch unterstützen Nutzerinnen und Nutzer dabei, ihren Alltag so zu gestalten, wie sie es individuell wünschen und der Zeitgeist es vorlebt. Mit innovativen Neu- und Weiterentwicklungen leistet Bosch dabei auch einen wichtigen Beitrag zum Umweltschutz und setzt beim Thema Nachhaltigkeit ebenfalls Maßstäbe.

Bei allen Neuentwicklungen arbeitet das Bosch-Designteam unermüdlich daran, Design-Ikonen von morgen zu gestalten. Dass man dabei auch unterschiedliche Produkte kombiniert und optische Aspekte neben rein funktionalen Merkmalen einbezieht, symbolisiert etwa der Accentline Kochfeldabzug. Dieser bildet eine perfekte Synthese mit den Bosch-Induktionsfeldern. Auf Knopfdruck fährt eine beleuchtete Glasscheibe aus, die nicht nur die Absaugleistung um ein Vielfaches steigert, sondern auch für eine stimmungsvolle Küchenatmosphäre sorgt.

DATEN UND FAKTEN

PRODUKTE
Haushaltsgeräte

STANDORTE
40 Fertigungsstandorte in Europa, Asien, Lateinamerika, USA

GRÜNDER
Robert Bosch (1886, Stuttgart)

MITARBEITENDE
Rund 42.000 weltweit (2021)

VERTRIEB
Fachhandel und Einzelhandel, weltweit

WEBSITE
bosch.de

QUALITÄT, ZUVERLÄSSIGKEIT & PRÄZISION

Gut gestaltete Produkte können sich über einen langen Zeitraum hinweg immer wieder neu in unterschiedlichste Umgebungen einfügen.

LUTZ DIETZOLD

Die Stiftungsmitglieder des Rat für Formgebung A–Z

3deluxe / design systems d.s. GmbH	A.S. Création Tapeten AG	AdHoc Entwicklung und Vertrieb GmbH	aed Verein zur Förderung von Architektur, Engineering und Design in Stuttgart e.V.	Aliseo GmbH	Amor GmbH	animaux Vertriebs GmbH

Architonic AG	Arno Arnold GmbH	ASA Selection GmbH	AUDI AG	Avantgarde Acoustic Lautsprecher Systeme GmbH	AXENT Switzerland AG	B. Braun SE

BÄRO GmbH & Co. KG	Bauhaus-Archiv e.V. / Museum für Gestaltung	BAUR WohnFaszination GmbH	Bundesverband der Deutschen Industrie e. V. BDI	BDIA Bund Deutscher Innenarchitekten e.V.	Beatthechamp	Berker GmbH & Co.KG

Bethmann Bank AG	Bette GmbH & Co. KG	bk Group AG	Blanco GmbH + Co. KG	blomus GmbH	BMW Group	BORA Vertriebs GmbH & Co KG

Bosch Thermotechnik GmbH	Braun GmbH	Bretz Wohnträume GmbH	brühl & sipphold GmbH	BRUNE Sitzmöbel GmbH	BSH Hausgeräte GmbH	bullmer GmbH

burkhardt leitner modular spaces GmbH	Busch-Jaeger Elektro GmbH	BYOK GmbH	Ca Go Bike GmbH	Candela GmbH	Canyon Bicycles GmbH	Carpet Concept Objekt Teppichboden GmbH

Cloer Elektrogeräte GmbH	CODE LAB Global Mind Network	CONEL GmbH	COR Sitzmöbel Helmut Lübke GmbH & Co. KG	Covestro Deutschland AG	Covestro Polymers (China) Co., Ltd.	Creative Inneneinrichter GmbH & Co. KG

D'art Design Gruppe GmbH	DALI GmbH	Dallmer GmbH + Co. KG	dan pearlman Group	Dauphin HumanDesign Group GmbH & Co. KG	DDC Deutscher Designer Club e.V.	DEDON GmbH

Design Center Baden-Württemberg	designaffairs GmbH	Designit Germany GmbH	deSter GmbH	Dethleffs GmbH & Co. KG	Deutsche Bank AG	Deutsche Steinzeug Cremer & Breuer AG
	Deutscher Designtag	DIHK	DORN BRACHT	dormakaba	DRAENERT	Dräger
Deutsche Vermögensberatung AG (DVAG)	Deutscher Designtag e.V.	DIHK	Dornbracht GmbH & Co. KG	dormakaba International Holding GmbH	DRAENERT GmbH	Drägerwerk AG & Co. KGaA
Duncan McCauley		DURABLE	DURAVIT	DWD CONCEPTS	e15	echolot GROUP
Duncan McCauley GmbH und Co.KG	DuPont de Nemours (Deutschland) GmbH	DURABLE Hunke und Jochheim GmbH & Co. KG	Duravit AG	DWD Concepts GmbH	e15 Design und Distributions GmbH	echolot Werbeagentur GmbH
EDAG	E EGGER	ELO	<epam>	ERCO	Das Erste	ET Global Exhibit Group
EDAG Engineering GmbH	EGGER Holzwerkstoffe Wismar GmbH & Co.KG	ELO Stahlwaren GmbH & Co. KG	EPAM Systems GmbH	ERCO GmbH	Erstes Deutsches Fernsehen	ET GLOBAL GmbH
evoq	exitecture	FACTOR	FELSS	FESTO	FETTE COMPACTING	fischer
evoq Deutschland GmbH	exitecture architekten M.Hohl & F.Keller GbR	Factor Design GmbH & Co. KG	Felss Group GmbH	Festo Vertrieb GmbH & Co. KG	Fette Compacting GmbH	fischerwerke GmbH & Co. KG
FLOATING HOMES	form	FOUNDRY Inspiring Brands	FPS	FREIFRAU	FRESCOLORI	frogblue
Floating Homes GmbH	Verlag form GmbH & Co. KG	Foundry Berlin GmbH	FPS Fritze Wicke Seelig Partnerschaftsgesellschaft von Rechtsanwälten mbB	Freifrau Manufaktur GmbH	Frescolori.de GmbH	frogblue AG
FSB	fuma	GANTENHAMMER WERBUNG UND DESIGN	Geck	GEZE	GIRA	glaskoch
FSB Franz Schneider Brakel GmbH + Co	FUMA Hauszubehör GmbH	gantenhammer GmbH & Co. KG	J.D. Geck GmbH	GEZE GmbH	Gira Giersiepen GmbH & Co. KG	glaskoch B. Koch jr. GmbH + Co. KG
GlenDimplex DEUTSCHLAND		GOLDSTEIN STUDIOS	GRAEF.	GROHE SPA	HADI TEHERANI	HAFI
Glen Dimplex Deutschland GmbH	GMK Markenberatung GmbH & Co. KG	Goldstein Studios GbR	Gebr. Graef GmbH & Co. KG	GROHE AG	Hadi Teherani Architects GmbH	HAFI Beschläge GmbH

HAGEDORN Management GmbH	Hailo-Werk, Rudolf Loh GmbH und Co. KG	Halbe-Rahmen GmbH	HANSA Armaturen GmbH	Hansgrohe SE	Haworth GmbH	Heithoff & Companie GmbH
		HIRSCHMANN				hund MÖBELWERKE
HEWI Heinrich Wilke GmbH	HEY-SIGN GmbH	Hirschmann Laborgeräte GmbH & Co. KG	HOLTZ OFFICE SUPPORT GmbH	Holzmedia GmbH	HPP Architekten GmbH	Hund Möbelwerke GmbH & Co KG
		HYUNDAI	IBM iX	ICONMOBILE	_ico	ID AID
hw.design gmbh	Hymer GmbH & Co. KG	Hyundai Motor Europe Technical Center GmbH	IBM iX Berlin GmbH	iconmobile GmbH	Iconstorm GmbH	ID AID GMBH
IDZ International Design Center Berlin		IKA®	IN MEDIAS REES. WERBEAGENTUR	INDEED	Interbrand	INTERNET —STORES
IDZ | Internationales Design Zentrum Berlin e. V.	IHK Industrie- und Handels- kammer Frankfurt am Main	IKA Werke GmbH & CO. KG	In medias rees Werbeagentur	Indeed Innovation GmbH	Interbrand GmbH	Internetstores GmbH
					JOMOO	
Interstuhl Büromöbel GmbH & Co. KG	Ippolito Fleitz Group GmbH	Jan Kurtz GmbH	J. D. Schwimmbad-Bau + Design GmbH	J.F.S. Parfums Berlin GmbH & Co. KG	Jomoo Kitchen & Bath Deutschland GmbH	Joy Lighting Co, Ltd
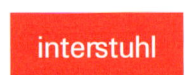					Kettnaker	
Albrecht Jung GmbH & Co.KG	Jung von Matt brand identity	Jungheinrich AG	JUTEC Biegesysteme GmbH & Co. KG	Kermi GmbH	Kettnaker GmbH & Co. KG	KEUCO GmbH & Co. KG
KFF®	kinema®	KISKA.	KLAFS MY SAUNA AND SPA	KLUDI WATER IN PERFECTION	KNOBLAUCH IDENTITY. HANDCRAFTED.	
KFF GmbH &Co.KG	mykinema GmbH	KISKA GmbH	Klafs GmbH & Co. KG	KLUDI GmbH & Co. KG	Konrad Knoblauch GmbH	Knorr-Bremse AG
				KOTOAKI ASANO Architect & Associates		KRUMPHOLZ
Koelnmesse GmbH	König + Neurath AG	Koralle Sanitärprodukte GmbH	Koto Studio	KOTOAKI ASANO Architect & Associates	KraussMaffei Technologies GmbH	Krumpholz-Werkzeuge e.K.

		KUSCH+CO				
Küppersbusch Hausgeräte GmbH	LEONHARD KURZ Stiftung & Co. KG	Kusch + Co GmbH	kymo GmbH	C. Josef Lamy GmbH	ledxon GmbH	LEICHT Küchen AG
	ligne roset	LINKS DER ISAR			MARKGRAPH	
Liebherr Hausgeräte GmbH	Roset Möbel GmbH	LINKS DER ISAR GmbH	Loved GmbH	Markenverband e.V.	Atelier Markgraph GmbH	markilux GmbH + Co. KG
	 	mawa				
MARTOR KG	mauser einrichtungssysteme GmbH & Co. KG	mawa design Licht- und Wohnideen GmbH	MDL expo International GmbH	MENTOR GmbH & Co. Präzisions-Bauteile KG	Mercedes-Benz Group AG	Merck KGaA
		MIA SEEGER STIFTUNG			 	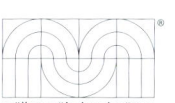
Messe Frankfurt GmbH	MHG HEIZTECHNIK GmbH	Mia-Seeger-Stiftung	Miele & Cie. KG	Mono GmbH	H.-J. Müller GmbH & Co. KG	Müller Möbelwerkstätten GmbH
	 	NIEBERG | ARCHITECT			NOBLEX	
Naber GmbH	Neugelb Studios GmbH	Nieberg Architect	NILS HOLGER MOORMANN ART DIRECTION	Nimbus Group GmbH	Noblex GmbH	Nolte Küchen GmbH & Co. KG
			nurus		OBJECT CARPET	
Norka GmbH & Co.KG	NSG International GmbH	NTT DATA Deutschland GmbH	Nurus GmbH	OASE GmbH	OBJECT CARPET GmbH	Occhio GmbH
		ottobock.				PARADOR
OLYMP GmbH & Co. KG	ORANIER Heiztechnik GmbH	Ottobock SE & Co. KGaA	OutNature GmbH	Oventrop GmbH & Co. KG	PAPSTAR GmbH	Parador GmbH
		 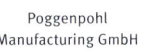	 	PORSCHE DESIGN		
Peter Schmidt Group GmbH	Phoenix Design GmbH + Co. KG	Poggenpohl Manufacturing GmbH	POINTtec GmbH	Porsche Design GmbH - Studio F. A. Porsche	Prenew GmbH	MBN GmbH - PROLED

QLOCKTWO®	RAL	rasch	rational®	raumplus®	RECARO	RECKLI®
QLOCKTWO Manufacture GmbH	RAL gGmbH	Tapetenfabrik Gebr. Rasch GmbH & Co.	rational einbauküchen solutions GmbH	raumplus Besitz-und Entwicklungs-GmbH & Co. KG	RECARO Holding GmbH	RECKLI GmbH
REGENT LIGHTING	reisenthel. keep it easy	RESOPAL®	RICHARD LAMPERT	RITTAL	ROLF BENZ	Ronnefeldt TEA EXCELLENCE SINCE 1823
Regent Beleuchtungskörper AG	Reisenthel Accessoires GmbH & Co. KG	Resopal GmbH	Richard Lampert GmbH & Co. KG	RITTAL GmbH & Co. KG	ROLF BENZ AG & Co. KG	J.T. Ronnefeldt KG
Rosenthal	RÖSLE SINCE 1888	RTL	ruf BETTEN Perfektion der Sinne	RZB LIGHTING	schlafgut	SCHRAMM DIE BETTENMANUFAKTUR
Rosenthal GmbH	RÖSLE GmbH & Co KG	RTL Deutschland GmbH	RUF Betten GmbH	RZB Rudolf Zimmermann, Bamberg GmbH	Adam Matheis GmbH & Co. KG	SCHRAMM Werkstätten GmbH
schüller®	SCHULTE Lagertechnik	selux	serien.lighting	ProSiebenSat.1 Digital	SEVERIN Friends for Life	SHADESIGN
Schüller Möbelwerk KG	Gebrüder Schulte GmbH & Co. KG	Selux GmbH	serien Raumleuchten GmbH	Seven.One Entertainment Group GmbH _ Ein Unternehmen der ProSiebenSat.1 Media SE	SEVERIN Elektrogeräte GmbH	SHADESIGN GmbH
SSS SIEDLE	SieMatic	SIEMENS	Simons Voss technologies	SLOWLI concept	sonoro	spitzbart treppen®
S. Siedle & Söhne Telefon- und Telegrafenwerke OHG	SieMatic Möbelwerke GmbH & Co. KG	Siemens AG	SimonsVoss Technologies GmbH	SLOWLI concept	sonoro audio GmbH	spitzbart treppen gmbh
Steelcase	STEIN HANEL	STERN OUTDOOR LIVING SINCE 1947	STIFTUNG DEUTSCHES DESIGN MUSEUM	stilwerk	STUDIO WILLIAM	studioturbos
Steelcase AG	Stein Hanel GmbH	Stern GmbH & Co. KG	Stiftung Deutsches Design Museum c/o Rat für Formgebung	stilwerk GmbH Hamburg	Studio William Welch Ltd	studioturbos GmbH
STYLUS	Talkwalker	TECNOLUMEN®	T···	THE STORE DESIGNERS®	TiCad® a perfect trolley	Tilia
Stylus Media Group Ltd.	Talkwalker GmbH	TECNOLUMEN® GmbH & Co.KG	Deutsche Telekom AG	The Store Designers	TiCad GmbH & Co. KG	Savaş Plastik San Ve Tic AS
Tojo™	TRILUX SIMPLIFY YOUR LIGHT.	trivida®	Ueberholz.	UP DESIGNSTUDIO	USM	VDID VERBAND DEUTSCHER INDUSTRIE DESIGNER
Tojo Möbel GmbH	TRILUX GmbH & Co. KG	P+L Innovations GmbH	Ueberholz GmbH	UP Designstudio	USM U. Schärer Söhne GmbH	VDID Verband Deutscher Industrie Designer e.V.

| VDM Verband der Deutschen Möbelindustrie e.V. | Vetter Pharma-Fertigung GmbH & Co. KG | Viasit Bürositzmöbel GmbH | Viessmann Werke GmbH & Co. KG | VIM Group Brand Implementation GmbH | Vincentz Network GmbH & Co. KG | Vitra AG |

| VKI Verband der Keramischen Industrie e.V. | VOLA A/S | Volkswagen AG | Vorwerk & Co. KG | Wagner System GmbH | WALTER KNOLL AG & Co. KG | WAREMA Renkhoff SE |

| Weidemann GmbH | Gerhard D. Wempe KG | Wenko Wenselaar GmbH & Co. KG | Deutscher Werkbund e.V. | WGSN Worth Global Style Network Limited | Wilkhahn, Wilkening + Hahne GmbH & Co. KG | WILO SE |

| WINI Büromöbel | WINTER & COMPANY GmbH | wirDesign communication AG | WMF GmbH | wodtke GmbH | Wöhner GmbH & Co. KG | wolfcraft GmbH |

| Norbert Woll GmbH | X-Plast Ltd. | Carl Zeiss AG | ZVEI Zentralverband Elektrotechnik und Elektronikindustrie e.V. | Zwiesel Kristallglas AG |

PERSONENSTIFTER
Olaf Barski, Christoph Burkardt, Kai Ehlert, Prof. Dr. Gerdum Enders, Barbara Friedrich, Prof. Achim Heine, Jörg Heithoff, Albrecht Hotz, Armin Illion, Michael Knuf, Stephan Koziol, Prof. Stefan Lengyel, Prof. Hansjerg Maier-Aichen, Reiner Moll, Nils Holger Moormann, Christian Sieger, Prof. Dr. h.c. Erik Spiekermann, Eckhard Tischer, Roland Wagner, Prof. Dr. Othmar Wickenheiser

Über den Rat für Formgebung

Als die Design- und Markeninstanz Deutschlands stärkt der Rat für Formgebung seit 1953 das gesellschaftliche Bewusstsein für Gestaltung weltweit. Mit dem Ziel, die Designkompetenz der deutschen Wirtschaft voranzutreiben und den Markenwert von Unternehmen durch den strategischen Einsatz von Design zu steigern, bietet der Rat für Formgebung als führendes Kompetenzzentrum ein Forum für Kommunikation und Wissenstransfer mit einem umfangreichen Angebot.

Mitgliedschaft

Starke Marken brauchen ein starkes Design – nur in diesem Zusammenspiel lassen sich nachhaltig Gewinne erzielen und neue Märkte erobern. Diese Überzeugung verbindet die Mitglieder der Stiftung Rat für Formgebung: Das Netzwerk besteht aus mehr als 350 Unternehmen unterschiedlichster Branchen, die Design für sich als strategischen Erfolgsfaktor erkannt haben. In vielfältigen Aktivitäten wie Netzwerk-Events, Kongressen, Awards oder Expert/innenkreisen vernetzt die Stiftung Rat für Formgebung Mitglieder, Designtalente und zahlreiche internationale Design- und Markenexperten/innen, um den Designdiskurs zu fördern und wichtige Impulse für die globale Wirtschaft zu liefern.

Designtalente

Transformation und Innovationsfähigkeit von Unternehmen sind heute wichtiger denn je. Entscheidende Triebfeder für diese Weiterentwicklung sind junge Designtalente. Deshalb sieht der Rat für Formgebung es seit jeher als eine seiner Kernaufgaben an, die Perspektiven von Studierenden und Absolvent/innen nicht nur zu fördern, sondern auch in der öffentlichen Wahrnehmung zu stärken: Der German Design Award Newcomer, der ein&zwanzig Wettbewerb und die German Design Graduates bieten ihnen sowohl eine Plattform, um ihre Konzepte und Ideen für eine nachhaltig ökonomisch, ökologisch und sozial ausgerichtete Zukunft zu präsentieren als auch die Gelegenheit, Kontakte zu führenden Persönlichkeiten der designorientierten Wirtschaft zu knüpfen.

Kommunikation und Wissen

Die vom Rat für Formgebung initiierte Stiftung Deutsches Design Museum und die umfangreiche Bibliothek, das Institute for Design Research and Appliance (IfDRA) und die Content Plattform ndion.de zielen darauf ab, aktuelles Wissen rund um die Themen Design, Marke und Innovation zu übermitteln und damit das Bewusstsein für die Bedeutung von Gestaltung zu stärken. Ob als Schnittstelle und Vermittler für Theorie und anwendungsorientierte Praxis, von branchenspezifischen Trendbeobachtungen bis tiefgehendem Design Research – der Rat für Formgebung bietet über seine zahlreichen Aktivitäten und Initiativen ein hochkarätiges Angebot zur Wissensvermittlung relevanter Designthemen.

Die weltweit anerkannten Awards des Rat für Formgebung

Die international renommierten Awards zeichnen die besten Unternehmen, Designer/innen, Markenstrateg/innen und Innovator/innen weltweit aus. Ob der German Design Award, der German Brand Award, der German Innovation Award, die ICONIC AWARDS, der ABC Award oder andere: Großartige Leistungen werden hier honoriert und sichtbar gemacht. Sie sind ein wertvolles Marketinginstrument, um hervorragende Produkte noch erfolgreicher am Markt zu positionieren. Preisverleihungen und Ausstellungen sowie umfangreiche Presse- und Kommunikationsmaßnahmen bieten den Gewinner/innen eine exklusive Bühne und rücken die Bestleistungen ins Rampenlicht.

Die Preisverleihung des German Design Award: der jährliche Treffpunkt der internationalen Design Community... Credit: Manuel Debus

Diese Seite: Eva Marguerre und Marcel Besau: Die Shooting-Stars von 2014 sind heute international gefragt. Credit: Manuel Debus
Rechte Seite, oben: Konstantin Grcic auf der Preisverleihung des German Design Award 2016. Credit: Manuel Debus
Rechte Seite, unten: Hanne Willmann, German Design Award Newcomer Finalistin 2016. Credit: Thomas Koy

Linke Seite: Designerlegende Hartmut Esslinger, Special Guest auf der Design Gala 2019, Credit: Christoph Hengelhaupt
Diese Seite: Buchpräsentation Die großen deutschen Marken auf der Design Gala 2021, Credit: Christoph Hengelhaupt

*Ein Ort für Designwissen und Research:
Die Bibliothek des Rat für Formgebung
Credit: Christof Jakob*

Präsidium

Prof. Mike Richter
Präsident
Dipl.-Ing. Nicole Srock.Stanley
Vize-Präsidentin dan pearlman Markenarchitektur GmbH, Geschäftsführerin
Dr. Saskia Diehl
GMK Markenberatung GmbH & Co. KG, CEO
Dr. Petra-Karin Kiedaisch
Verlegerin, av edition, Vorstand aed Verein zur Förderung von Architektur,
Engineering und Design in Stuttgart e. V.
Katrin Menne
Commerzbank AG, Bereichsleitung Group Communications
Kristina Walcker-Mayer
Nuri GmbH, CEO und CPO
Roland Heiler
CEO Studio F.A. Porsche, Managing Director Design Studio
Dr. Annemarie Jäggi
Bauhaus-Archiv e. V. Museum für Gestaltung, Direktorin
Leo Lübke
COR Sitzmöbel, Helmut Lübke GmbH & Co. KG, Geschäftsführender Gesellschafter
Philipp Mainzer
e15 Design und Distributions GmbH, Geschäftsführender Gesellschafter und Kreativ-Direktor
Caroline Seifert
Aufsichtsrat Commerzbank AG, Beratung Transformation
Prof. Dr. h.c. Gorden Wagener
Daimler AG Mercedes Benz, Chief Design Officer

GESCHÄFTSFÜHRUNG

Lutz Dietzold
Geschäftsführer Rat für Formgebung

EHRENMITGLIEDER

Prof. Dr. h.c. Dieter Rams
Prof. Herbert Hirche (verstorben)
Prof. h.c. Dr. h.c. Peter Pfeiffer

Register

3deluxe **66**
AXENT Switzerland **140**
Beatthechamp / Flowarena **80**
Bethmann Bank **44**
Bette **128**
bk Group **86**
bullmer **154**
Busch-Jaeger Elektro **32**
BYOK **78**
Ca Go Bike **136**
Cloer Elektrogeräte **60**
DALI **108**
DALLMER **106**
Deutsche Telekom **40**
Dräger **112**
Factor **110**
Festo **146**
Fette Compacting **148**
FRESCOLORI **84**
Geck® **34**
Grohe **160**
HAILO-Werk **62**
HEY-SIGN **126**
IBM iX **184**
in medias rees **82**
Jung von Matt BRAND IDENTITY **122**
KISKA **68**
KLUDI **134**
KOTOAKI ASANO **102**
LEONHARD KURZ **162**
markilux **90**
MARTOR **48**
Mauser **46**
mawa **150**
MENTOR **30**

Mercedes-Benz Group **92**
MÜHLE **138**
Nowy Styl **132**
Nurus **174**
OBJECT CARPET **70**
OutNature by PreZero **56**
Oventrop **144**
P+L Innovations **176**
Poggenpohl **170**
POINTtec Products Electronic **104**
PROLED **130**
QLOCKTWO Manufacture **64**
RAL Farben **114**
rational einbauküchen **94**
Robert Bosch **186**
Ronnefeldt **172**
RTL Deutschland **50**
RZB Lighting **36**
SCHRAMM Werkstätten **54**
SHADESIGN **58**
Siemens **156**
SLOWLI Concept **152**
sonoro audio **118**
studiokurbos **72**
Talkwalker **178**
Tilia **124**
Tojo Möbel **38**
UP Designstudio **182**
VOLA **88**
Volkswagen **98**
WAGNER **168**
Wöhner **116**
X-PLAST **180**
ZWIESEL GLAS **158**

Gute Markenkommunikation baut auf Inhalten auf, ist ehrlich und authentisch.

LUTZ DIETZOLD

Impressum

CALLWEY 1884

© 2022 Callwey GmbH / Rat für Formgebung Medien GmbH
Klenzestraße 36
80469 München
buch@callwey.de
Tel.: +49 89 8905080-0
www.callwey.de

Wir sehen uns auf Instagram:
www.instagram.com/callwey

ISBN 978-3-7667-2606-3
1. Auflage 2022

Bibliografische Information der Deutschen Nationalbibliothek
Die Deutsche Nationalbibliothek verzeichnet diese Publikation in der Deutschen Nationalbibliografie; detaillierte bibliografische Daten sind im Internet über <http://dnb.d-nb.de> abrufbar.

Das Werk einschließlich aller seiner Teile ist urheberrechtlich geschützt. Jede Verwertung außerhalb der engen Grenzen des Urheberrechtsgesetzes ist ohne Zustimmung des Verlages unzulässig und strafbar. Das gilt insbesondere für Vervielfältigungen, Übersetzungen, Mikroverfilmungen und die Einspeicherung und Verarbeitung in elektronischen Systemen.

DIE HERAUSGEBER
Als die Design- und Markeninstanz Deutschlands stärkt der Rat für Formgebung das gesellschaftliche Bewusstsein für Gestaltung und unterstützt Unternehmen in allen Belangen ihrer Marken- und Designentwicklung. Der Rat für Formgebung bietet ein Forum für den branchenübergreifenden Wissenstransfer und sorgt für Wettbewerbsvorteile der Mitglieder: unabhängig, erfahren, international.

DIESES BUCH WURDE IN CALLWEYQUALITÄT FÜR SIE HERGESTELLT:
Beim Inhaltspapier haben wir uns für ein MagnoMatt in 150 g/m² entschieden – ein matt gestrichenes Bilderdruckpapier. Die gestrichene, mattierte Oberfläche gibt dem Inhalt einen edlen und hochwertigen Charakter. Der natürlich gesprenkelte Bucheinbandstoff hat eine sehr hochwertige Haptik. TOILE OCEAN wird aus 100% recycelten PET-Abfällen gewebt, die aus im Meer gebundenem Plastik gewonnen werden. Der Einband ist zusätzlich mit Heißfolie, UV-Lack und einer Blindprägung veredelt. Dieses Buch wurde in Deutschland gedruckt und gebunden bei optimal Media, Röbel/Müritz.

VIEL FREUDE MIT DIESEM BUCH WÜNSCHEN IHNEN:
Herausgeber: Lutz Dietzold, Rat für Formgebung/German Design Council
Projektleitung Rat für Formgebung: Roland Pajunk
Projektleitung Callwey: Anna Seidel
Projektmanagement Rat für Formgebung: Fiona R. Radji und Steffen Lawetzki
Redaktion Rat für Formgebung: Alexandra Sender und Rebecca Espenschied
Unternehmenstexte: Heike Edelmann, Judith Marnet, Florian Mittelmerten
Lektorat: Andreas Leinweber
Schlusskorrektur: Dr. Birigt Wüller
Gestaltung & Satz Callwey: Sina Chakoh
Gestaltung Rat für Formgebung: Oliver Genzel und Armin Illion
Herstellung Callwey: Dominique Scherzer
Übersetzung: Lawetzki Translations
Produktfotos: Mit freundlicher Unterstützung der beteiligten Unternehmen

Hinweis: Uns ist es ein Anliegen, dass sich alle Geschlechter wahrgenommen und wertgeschätzt fühlen. Im Sinne einer besseren Lesbarkeit der Texte verzichten wir jedoch auf die gleichzeitige Verwendung der Sprachformen männlich, weiblich und divers (m/w/d). Wo dies möglich ist, bemühen wir uns darum alle Formen miteinzubeziehen oder um neutrale Formulierungen. Sämtliche Personenbezeichnungen gelten gleichermaßen für alle Geschlechter.